OHSAMA BUNKO

数字のパワーで「いいこと」がたくさん起こる!

シウマ

三笠書房

はじめに

身の回りの「変えられる数字」を味方につけて開運する本

みなさん、こんにちは。琉球風水志《りゅうきゅうふうすいし》のシウマです。

私は、沖縄に古くから伝わる**「琉球風水」**の担《にな》い手《て》として、学生時代から、風水はもちろん、姓名判断、九星気学《きゅうせいきがく》などの占術《せんじゅつ》を学び、それを元に独自に編み出した「数意学《すういがく》」を用いて、これまでに5万人以上の方を鑑定《かんてい》してきました。

多くの方の運勢を見ていくなかで、私はある法則に気づきました。

それは、ケータイやスマホなどの、**身の回りにある「変えられる数字」が、その人の開運の鍵になる**、ということです。こういった数字を、運のよい数字（吉《きっ》数《すう》）にすることで運命の方向が、不思議なくらいガラッと変わります。
なぜなら、**数字には一つひとつに異なった意味と力があり、その数の持ち主である人にも影響を与える**からです。

例えば、数字の「1」には、「並外れた行動力と先を読む力が備わり、頼れるリーダーとして活躍する」という意味があります。
一方で、「2」は、「優柔不断《ゆうじゅうふだん》さがネックとなって、チャンスを逃《のが》しやすい」、また、「3」は、「いつも元気いっぱいで、周りを幸せにし、愛される」……といったように。

これを知って、「私、いつも『2』ばかり選んでいる……」と心配になった方。焦《あせ》らなくても大丈夫です。そんなときは、身の回りの数字に「1」を加えてみましょう。すると、そのパワーに影響されて、少しずつ自信と行動力がつき、「2」の弱点を補《おぎな》ってくれるようになります。

本書では、こういった数字が持つ力（特性）とその活用法をご紹介します。**数に秘められた意味を知り、数字のパワーを味方につけることで、自分自身の運命を自分の望む方向へと動かしていくこともできる**ようになるのです。

「数の占い」というと、数秘術《すうひじゅつ》の類《たぐ》いがありますが、これらは、生年月日という変えられない数字を元に、宿命を見ていく占いです。

皆、当たっている部分があれば驚き、語られる宿命に喜んだり悲しんだりするわけですが、「どうにもならない数字の暗示《あんじ》にとらわれるなんて、もったいない」という気がしています。

その点、「身の回りの数字」を活用するのであれば、自分の意志で変えることができます。

「よくない」数字なら、**気づいた時点で変えればいい**わけで、手法はいたってシンプル。変えられるから希望があるし、元気にもなれる。へんに脅《おど》しめいてもいないし、おどろおどろしくもない。そういうポジティブな〝技〟なのです。

さっそく、数字の不思議なパワーを知って、日常生活に取り入れてみてください。きっと、あなたに合った「よい数字」が見つかり、毎日がますます楽しいものになっていくことでしょう。

シウマ

もくじ

1章 「数字のパワー」が運命を変える！

――人生にチャンスが次々と流れ込む「琉球風水の秘術」

2章

あなたの「運命ナンバー」の割り出し方
――「身の回りの数字」を今すぐチェック！

3章

「運命ナンバー」に秘められたメッセージ

――1、2、3……それぞれの数字が持つ意味とは

4章 「手にしたい幸運」を確実に呼び込むために
――あなたはどの運から、つかみに行きますか？

編集協力◎堀 由美子
本文イラスト◎きじまももこ

あなたの「身の回りの番号」に〈吉数〉を取り込みましょう！

吉数

1	3	5	6	7	8	11	13	五大吉数 15
16	17	18	21	23	五大吉数 24	25	29	
五大吉数 31	五大吉数 32	33	35	37	38	39	41	
45	47	48	五大吉数 52	57	58	61	63	
65	67	68	71	73	75	77	78	

15、24、31、32、52は「五大吉数」といって、運のよい数字(吉数)のなかでもとりわけ縁起がよく幸運を引き寄せる力が強い数字です。
詳しくは3章をお読みください。

凶数

2	4	9	10	12	14	19	20
22	26	27	28	30	34	36	40
42	43	44	46	49	50	51	53
54	55	56	59	60	62	64	66
69	70	72	74	76	79	80	

1章

「数字のパワー」が運命を変える！

——人生にチャンスが次々と流れ込む「琉球風水の秘術」

数字の力を使って、あなたを幸せに導く「数意学」

この本でお伝えしていくのは、**「数字には一つひとつに異なった意味とパワーがあり、それを理解し上手に活用していくことで、運気を高めましょう」**ということです。その運気アップの〝技〟を「数意学」といいます。

そもそも、私が数意学のベースとなる「数字のパワー」に気づいたのは、大学生の時のある出来事がきっかけでした。

小学校に上がる前からかなり熱心な野球少年だった私は、高校時代には野球の名門として知られる県立沖縄水産高校の野球部に所属し、甲子園に行った経験もあります。

大学時代も野球部に所属し、その頃から、風水師である母が、相手チームの選手の生年月日、名前の画数、背番号から性格を読み取り、対戦上のアドバイスをしてくれていました。

その当時、自分も風水の道に入るとは思っていなかったので、話半分で聞いていたのですが、とにかく、母の言うことがあまりにも当たる……。

例えば、ある試合でのこと。母が、ピッチャーの背番号と生年月日を見て、

「この選手は相当強気なエネルギーを持っているから、最初から決め球を投げてくるはず」

と言ったのです。

普通、決め球は勝負どころにとっておくもの。

ところが、バッターボックスに立つと、本当に初球から決め球で勝負してきたのです。

その時、驚きとともに**「これは使える!」**と心を揺さぶられました。

それ以来、母のアドバイスをよく聞くようになり、ついには4割近く打てるほどに打率がアップ。その経験が、「数字の持つ不思議な力」への関心につながっていったと思います。


その後は、社会人野球の道に進もうとしましたが、いろいろな事情で阻《はば》まれ、最終的に風水の道を〝志《こころざ》す〟ようになりました(なので、私の肩書は「琉球風水志」です!)。

ケータイ・スマホの「下4ケタの番号」が運気を左右する！

数意学で用いる数字の中で、最も代表的なものが「ケータイ・スマホの番号」です。過去5万人の鑑定結果から、**個人所有の下4ケタの番号を足した数が、その人の運気に大きく影響している**ことを実感しています。

そして、鑑定した方々がその内容に納得する割合は、実に88パーセント！

なぜ、ケータイやスマホの番号が一番の影響力があるかというと、一日に何度も手にし、持ち歩いているものだから。それだけ、数字の力に触れているわけです。

また、ケータイやスマホの下4ケタの番号に限らず、銀行やクレジットカードの暗証番号、車のナンバープレートなど、日本には4ケタまでの数字が比較的多いため、1〜36の数字に関する統計はかなり取ることができました。

それらの数字をよりよい意味を持つ運のよい数字（吉数）に変えたり、あるいは吉数のシールを持ちものに貼ったり、スマホの待ち受けにしたり、メールのアカウント（@の前の部分）に数字をつけ加えたり……。

こういった行動をとることで、運勢が加速度的に変化する数多くの方を目の当たりにしてきました。

みなさんもまず、自分や周囲の人で、とくに「あの人はいつもツイてるな、成功しているな」と思う人のケータイ番号をチェックしてみてください。

「あんなに成功しているのに、なぜ数字がよくないのだろう?」という人は、あまりいないことがわかると思います。

例えば、こんな例もあります。

ある雑誌の取材で、国民的人気を誇《ほこ》る5人組のアイドルグループのメンバーが普段から気にしているという「ラッキーナンバー」を鑑定したことがありました。

なんと5人中4人が、数意学で最も運のよい数字とされる5つ星の吉数（＝五大吉数）をラッキーナンバーとしていたのです！

やはり、**運気の高い人は、無意識によい数字を選んで、そのパワーを活用しているの**でしょう。

不思議なことに、ケータイなどの主要な番号の下4ケタを足した数字と同じ数を、姓名判断の画数（天格・地格・人格ほか）や誕生日の日にちなどにも持っている人が多いのです。

こうなると、その人は、運命的にもその数字の持つパワーにかなりの影響を受けている、と考えられます。

そして、同じ数字を持つ人同士は、なぜか引き合います。その数字が吉数であれば、相性もバツグン！

同じ数字以外にも、本書の中で**「サポートナンバー」**として紹介している数字を持つ人は、あなたのいいところを引き出してくれたり、苦手なところを補ってくれたりします。

ときに「嫌な人だな、苦手だな」と思う人でも、その存在が結果的にあなたの開運の鍵になっているのが面白いところ。自分の感情を超えたところで、数字の力が作用しているのかもしれません。

ちなみに、サポートカラーとは「守護《しゅご》ナンバー」ともいわれ、運命ナンバー（あなたが最も影響を受けている数字）のマイナス部分を助けてくれる役目を持つ数字のことです。「運命ナンバーの割り出し方」については2章をお読みください。

なぜ、〝よい数字〟と〝そうでない数字〟の差が激しいのか

ここで、あらかじめ心に留《と》めておいていただきたいことが、ひとつあります。数意学で特徴的なのが、**よい数字（吉数）とそうでない数字（凶数）の落差が激しい**こと。

「開運法をアドバイスするものなのに手厳しい！」と言われることもしばしばですが、それは数字の意味を知り、運気アップの方法を実践すれば、**運命を自分で変えられる**からです。

「運気が悪いなら、すぐに動いてほしい」という願いを込めて、オブラートに包まず、感じたことをそのまま表現しています。

とはいえ、「このままではよくない……」とわかってはいても、動かない、動けない人もいるかもしれません。でも、それはそれ。まだ、その時期ではないのかもしれません。

一方で、意思が行動に結びついた人は、自分をよりよい方向へと向かわせる時期が来ているのだと思います。

「数意学は的中率88パーセント」とお話ししましたが、ここで残りの12パーセントについて、触れておきます。

的中しなかったという人の多くは、身の回りに持っている数字は凶なのに、それほど運勢は悪くない（もしくは、よい）と感じる人たちばかりでした。なかには、ほかの分野でパワフルな開運術をやっている人も少なくありませんでした。

いずれにしろ、**数字はとてもよい（吉数）のに、日々どん底の生活を送っている、という人はほとんどいませんでした。**

こうした違いが生じるのは、「数意学の考える『人間の幸せのかたち』とは違う価値観の人も少なからずいる」ということなのかもしれません。

そして、これも不思議なことなのですが、お金を儲けたい一心でギャンブルに数字のパワーを利用しても、なかなか当たりません。

過去に宝くじの1等の当選番号などを足して数を出してみたことがありますが、凶数が多かったことが印象的でした。人生を狂わせてしまうような変化には数字の力は及ばないのかもしれません。

一方、よく、引っ越し先の部屋の番号などを気にされる方がいますが、住まいや土地などは、番号以上にその「場」の力が大きく人生に影響しますので、自分が気に入って、気持ちよく過ごせる場かどうかを見極《みきわ》めるほうが重要です。「数字のパワー」を使いこなせる状況を、上手に選びましょう。

✡ 運気も「自分で」チューニングできる！

これまで5万人以上の方々を鑑定してきて思うのは、**形から入ることの重要さ**です。

自分の身の回りに運のよい数字を持つようになると、とにかく、物事の運びがよくなる。同じ数字や相性のよい数字、そういう数字を持った人を引きつけるようになるし、まるで風の流れが変わったかのように、毎日が変化します。

私が最も理想的だと考えているのが、「心身ともに元気」であること。

恋愛も仕事も、遊びでさえ、結局は健康でなければできません。運気も元気で健康な状態になるよう、自分でチューニングしてあげれば、おのずと人生はよい方向へと変わっていくのです。

そのコツをぜひつかみとっていただきたいと思います。

不思議なほど運がよくなる「球数」とは？

では、本章の最後に、私が考えた運気アップの**「球数《たますう》」**をご紹介します（31ページ参照）。

「球数」には0〜9の数字が描かれています。それぞれの数字のパワーがより引き出されるように、「〇（球）」の形と開運カラーを組み合わせてつくったものです。

「〇」は、風水では〝よい気〟を持つ柄《がら》として、とても重宝《ちょうほう》される縁起のよいものので、数球に取り入れました。また、「球数」という言葉には、琉球や私が数字の不思議な力に気づいた、野球の「球」の字を入れました。

実際、数意学ではよくない数字（凶数）とされている0、2、4、9の数字にも、特性をうまく引き出し弱点をカバーする色（風水による**サポートカラー**）を当てはめています。そうすることで、最大限のパワーを込めることができました。

この球数、〝気《き》〟に敏感な人からは「波動を感じる！」と言われるほど、不思議なエネルギーが出ているようです。

本書の巻末に、お守りとして、「球数」カードをつけています。切り取ってパスケースに入れたり、スマホで撮って待ち受けにしたりして、ご活用ください。

✡ 数字の形に見えてくる「水の流れ」

余談《よだん》ですが、球数をつくるうえでベースとしたのは、私が数字の形に感じていた、あるイメージです。

パワーをもらえる! 球《たま》数《すう》

0～9の数字に、風水で縁起のよい形とされる「玉（球）」と
開運カラーを組み合わせてつくりました。
この球数を身近に置くことで、数字のパワーが最大限に引き出され、
あなたの運気をさらに上げてくれます。
ぜひ、活用してみてください!

※巻末に「球数」カード
をつけています。

これは、あくまで私のインスピレーションの話ですが、**0〜9の数字からは「水」の流れていく様子が感じられます**（そのイメージをイラストと文章で34ページに表現しました）。

数字は、世の中の「動き」や「変化」を、皆がわかる形に置き換えたもの（例えば、日付、時間、温度など）。それは、「水の流れから導かれた」のではないかと思うのです。

また、水が流れていく様子は、風水が水を求めて、変化や動きに対応してきたところとも、つながっていくように感じられます。

この、純粋な数字からのインスピレーションと、姓名判断と統計から割り出した数意学上の数字の意味。合わせて見てみると、数に込められたメッセージをより深く感じとっていただけるのではないでしょうか。

一概《いちがい》には言えませんが、2ケタ以上の数字は下1ケタの数字からのインスピレーションが強く影響しているものがあります。

例えば、下1ケタに6がつく数字は神仏からの守りや、霊的な感受性の高さがベースにありますし、下1ケタに8のつく数字は堅実さや安定感が伴います。

球数のパワーと、数字に表わされた不思議な世界。そして数意学の1~10の意味（数意学では「0」は「10」の意味を持つ）を比較しながら見てみると、数字に秘められたメッセージがより捉《とら》えやすくなりますので、ぜひ参考にしてみてください。


最後に、「数字には〝不思議な力〟がある」と表現しましたが、面白いことに数の最大単位「無量大数（10の68乗《じょう》）」のひとつ手前の単位を「不可思議（10の64乗）」と言うそうです。

数とは本当に不思議なもの。数の宇宙に思いを馳《は》せつつ、ぜひ、この数字のパワーを日々の生活に生かしてみてください。

数字をどう捉えるかで、あなたの人生も変わっていくはずです。

シウマ流に読み解く、
数字からの深淵《しんえん》なメッセージ。

1 スタート

天から水が球の形で
降り注ぐ。

2 分離

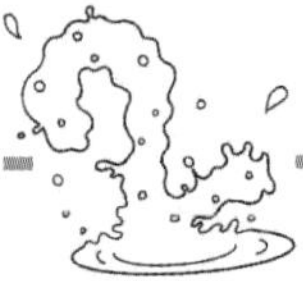

降り注いだ水が、地面に
落ちて形を変える。

8 無限の可能性

上下に水をバランスよく保つ
ことで完全なエネルギーに。
水は宇宙からの恵みである
ことに気づく。

（∞と8は似ている。そして数字
の中で途切れることなく輪にな
り、水が流れない形になるの
は8と0だけ。）

9 直感

安定をあえて外す。宇
宙の恵みは一部にす
ぎないと知る。この世
界だけではわからない
何かに思いを馳せる。

0 無

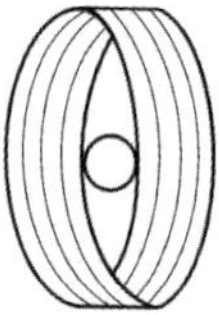

そして、1へとまた
つながる。

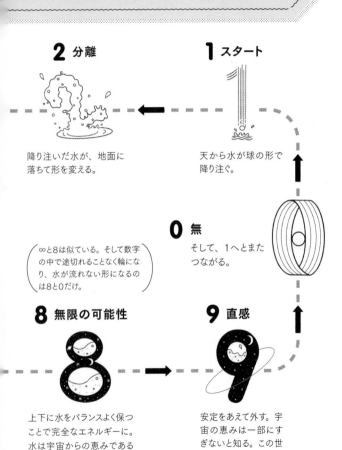

数字の不思議な世界

4 破壊

戻った水が新たなエネルギーを蓄え、また降り注ぐ。

3 希望

蒸発して雲となる。水が天に戻り、雲になる。

5 強調・流れ

水が寄せ集まり、溜まる。ただし、まだ流れる状態。

6 守り

溜まった水を流さず保つ。同時に、天にまた水が戻る気配を感じる。

7 個性

また天に戻った水が、雷のエネルギーとともに降り注ぐ。

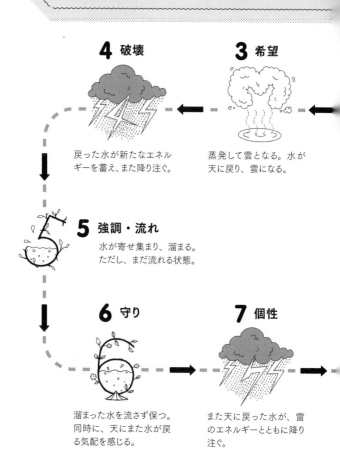

Column 1

ケータイ番号は3回変更！シウマの開運ヒストリー

ケータイ・スマホ。家に忘れたことに気づいたならば慌《あわ》てて取りに帰るし、行方不明とわかれば見つかるまで何も手につかない……。これほど心を揺さぶるものでありながら、その番号の放つ力には、無頓着《むとんちゃく》な人がほとんどです。

実は、かつての私もそのひとりでした。

高校球児で寮生活を送っていた私のケータイデビューは少々遅め。初めて手にしたのは、高校を卒業した後でした。

数字がパワーを持っていることは、母から聞かされていたので、購入時、下4ケタの合計数は一応チェックしましたが、『11』なら勢いやスピード感があっていいか」くらいの軽い気持ちで選んでいた気がします。

天恵《てんけい》（神さまが与えてくださる恵み）によって幸運をつかむ運のよい数字ではありましたが、25歳になって、自分が本来、進むべき道を突き進みたいという気持ちが高まり、「15」に変更しました。そのお陰で、琉球風水志としてのやりがいを感じられるようになったのです。

ただ、月日とともに、優しくなりすぎて闘争心が弱まりだし、自分らしさが消えてきたので、自分の個性を出し、大きな目標を叶《かな》えさせる「17」にチェンジ。すると、メディアに出る機会が増え、より多くの皆さんのお役に立つことができるようになりました。

〝なりたい自分〟がわかれば、開運は簡単です。ただ「身の回りの数字」を変えればいいだけなんですから。

2章

あなたの「運命ナンバー」の割り出し方

――「身の回りの数字」を今すぐチェック！

Step 1

数字の割り出し方の基本——「バラして足す！」

ここでは、ステップ1～4にかけて「運命ナンバー（自分が最も影響を受けている数字）」を使った開運法をご紹介します。

①ケータイ・スマホの場合

⬇下4ケタの番号のみバラして足す

例：「090－xxxx－0792」⬇0＋7＋9＋2＝18

数意学では3ケタ以上の数字は、各ケタをバラして足した数を鑑定に用います。

また、使用頻度の高いケータイやスマホの場合、「下4ケタの番号のみ」を使います。真ん中の番号は、その電話を登録した地域や電話会社によって決まる番号。持ち主固有の番号は下4ケタのみ、となるためです。

日本では、各種暗証番号やナンバープレートなど、4ケタの番号が多いため、3章では、4ケタの番号を足した数である**1～36の数字**を中心に紹介しています。

② 1ケタの数字の場合

⬇そのままの数字で判断します。

③ 2ケタの数字の場合

⬇バラさずに、そのままの数字で判断します。

ただし、81以上は80を引いた数字で見ます。

例：ロッカーの番号「95番」⬇95－80＝15

④ 2ケタの数字で「頭に0《ゼロ》がつく」場合

⬇3ケタ以上とみなし、バラして足します。

例：カードの暗証番号「0024」⬇0＋0＋2＋4＝6

⑤ 車のナンバーの場合

⬇「・・・1」～「・・80」まで＝そのままの数字で判断します。

⬇「・・81」～「・・99」まで＝ナンバープレートの数字から80を引いた数を使います。

⬇「・100」～「9999」まで＝1ケタずつバラして足します。

◇9ケタ以上の数字の場合、足して80を超えるようなら、②のように、80を引きます。もし、足した数字が3ケタ以上になる場合は、バラして足してを繰り返し、最終的に1～80になるまで行ないます。

◇「0」の場合は「10」の意味を参照してください。

Step 2

変えられる番号が司る「運」

一番の影響力

ケータイ・スマホの下４ケタの番号

総合運（恋愛・仕事）

最も影響力を持つのがケータイ・スマホの下４ケタの番号です。固定電話と違い、個人が一日に何度も手にし持ち歩くものなので、常に「数字のパワー」に触れているといえます。

固定電話の番号下4ケタ、メールのアカウントなどパソコン・タブレット周りの数字 etc.

▼ 対人運

固定電話やタブレット・パソコンなどのコミュニケーションツールは、対人運全般を見ます。職場の電話番号下4ケタなら、仕事での対人運が出ますし、パートナーとよくタブレットでメールするならタブレット周りの数字が恋愛運を司るものと見ていきます。

キャッシュカードやクレジットカードの暗証番号 etc.

▼ 金運

金運にダイレクトに作用するのは、お金にまつわるカード類の暗証番号です。たとえ金運に弱い番号だったとしても、比較的簡単に変更でき、またケータイやスマホ、メールのように、他人に知らせる必要がないため、変えやすい番号といえます。

車やバイクのナンバープレート etc.

健康運・旅行運

もし、いま使っている車やバイクのナンバープレートが運のよくない凶数なら、身の安全のために、変更することをオススメします。凶数には、ケガやトラブル、病弱などのキーワードが入ってくるためです。とにかく、開運にはあなた自身が健康で安全であることが大前提《だいぜんてい》！

ロッカーの番号、座席番号、駐車場の番号 etc.

行動運・勝負運

ロッカーや座席の番号など、外出時に数字を選べる状況があれば、運のよい吉数を選ぶとツキが得られやすくなります。逆に、何気なく座ったテーブル番号、ふと見た時計の分数などから、その日の自分の運勢を見ることもできます。

自分の意思で変えられない数字について

私が編み出した数意学では、自分の力で変えられる運命を読み解きます。ですから、自分の意思と関係なく定められてしまう数字（生年月日や名前の画数など）は用いません。

しかし、そこには宿命に近いメッセージが込められているのも事実。自分のことをより深く知る手掛かりにはなります。変えられない数字である以上、それが自分の弱点になる可能性もあると考えてもいいのかもしれません。

住民票コードやマイナンバー（個人番号）➡総合運
クレジットカードやキャッシュカードの番号➡金運
保険証の保険者番号➡健康運
社員番号➡仕事運

Step 3

実践！　数字を使って「幸運を呼び込む」方法

①数字を変える

➡ケータイ・スマホや固定電話の番号、車やバイクのナンバープレート、キャッシュカードの暗証番号、ログインパスワード、ＩＤ etc.

変えられる数字にもいろいろな種類がありますが、影響度と比例するように、変えにくさの難易度も上がっていきます。

代表的なのがケータイ・スマホ。周囲に知らせたり、手続きしたりが面倒ですが、それだけあなたの牛活に根づき、影響の強いツールといえます。

② 数字を加える

⬇メールのアカウント、携帯電話やパソコンの待ち受け画面や、デコレーション、キーホルダー・アクセサリー・洋服のモチーフ etc.

よく、メールのアカウント（@の前の部分）に誕生日を入れている人がいますが、どうせなら、開運数を入れてみましょう。メールのように通信に使うものに用いると影響度は高まります。アクセサリーなどに「数字のモチーフ」を取り入れるのも有効。

③ 数字を選ぶ

⬇ロッカーやシューズボックス、座席、傘立ての鍵の番号、駐車場の番号、口座への入金・出金額、待ち合わせやメール送信時の分数 etc.

数字を選ぶ機会があれば、それはチャンス。そのパワーを戦略的に取り入れま

数字のパワー、影響の度合いは？

●ケータイ・スマホの場合

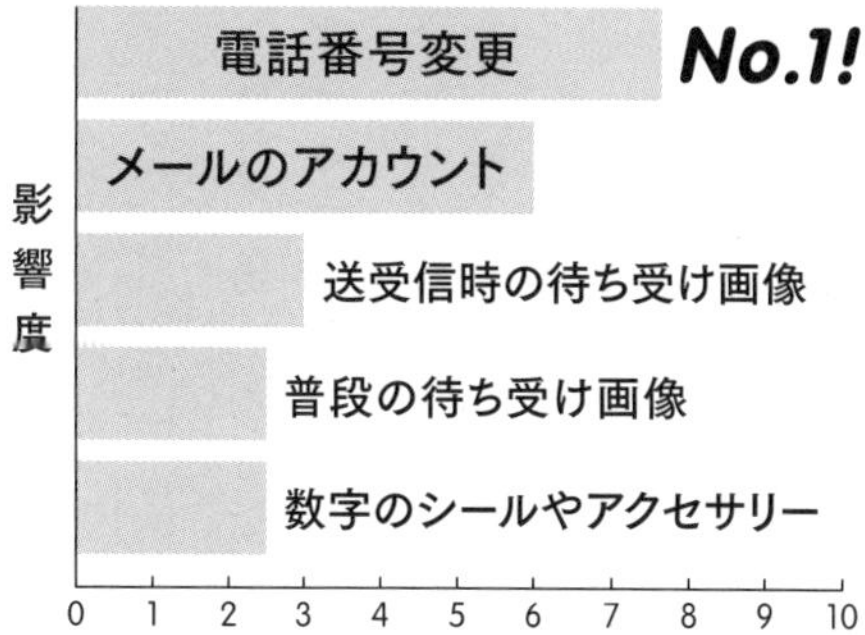

しょう。オススメは口座への入金・出金額。例えば、3万8000円（3＋8＋0＋0＋0＝11）のように足すと吉数になる金額に設定すると、なぜかお金が貯まりやすくなります。

上の図はケータイやスマホにおける影響度の目安。意外に効果的なのは、送受信時（電波使用中）の待ち受けに数字の画像を使う裏技です。ただし、ケータイやスマホでも使用頻度が少なく、なくてもそれほど困らない場合は影響度は控えめになります。

A子さんの場合

●スマホの番号を「24」に変更

A子さんの元々のスマホ下4ケタの番号は「1485」、足すと18。努力家で、職場では男性と同等以上に働くA子さんにはピッタリすぎるほど、男性的で頑張り屋の数字。

そんなA子さんがいま一番手に入れたいのは、結婚を前提としたパートナー。そこで、女性らしい魅力をたたえ、玉《たま》の輿《こし》などの運を引き寄せる「7773」、足すと24に番号を変更した。

●暗証番号を「29」に変更

A子さんの収入は決して少なくないのに、家計はいつもギリギリ。そのため、銀行の暗証番号を「87777」、足すと29に変更し、金運を取り込む環境をととのえた。

Step 4

「色の力」でさらに運気アップ！

数意学では、琉球風水をベースとした色彩風水を取り入れています。数字と色の2つの力でなりたい自分の未来をイメージして、形にしていきましょう（色からのアプローチは、53ページの「8つの色のパワー」をご参考に）。

また、3章で詳しくご紹介する**「運命ナンバー」**では、1〜80の数字の意味とともに、その数字にバランスをもたらしてくれる「サポートカラー」も紹介しています。数字と色の合わせ技で、あなたの開運実現度は驚くほどに高まります。

色のパワーを日常生活に取り入れるコツ

① 〝好きな色〟で自分自身の傾向を知る

好きな色から、今の自分が必要としているものがわかります。ただし、好きな色を多用するのは、偏《かたよ》りが生まれるので避けたいところ。好きな色こそ、バランスよく取り入れましょう。

② 〝なりたい自分〟をイメージし、「テーマカラー」を選ぶ

感覚での色選びではなく、なりたい自分のイメージに近い意味を持つ色をテーマカラーに選びましょう(例えば、もっと親しみやすい人になりたいなら「オレンジ」を選ぶ、など)。

または、なりたい自分に近い意味を持つ数字のイメージカラーから割り出すのもOK(1~36までのイメージカラーについては、3章の「サポートカラー」中でお伝えしています)。

8つの色のパワー

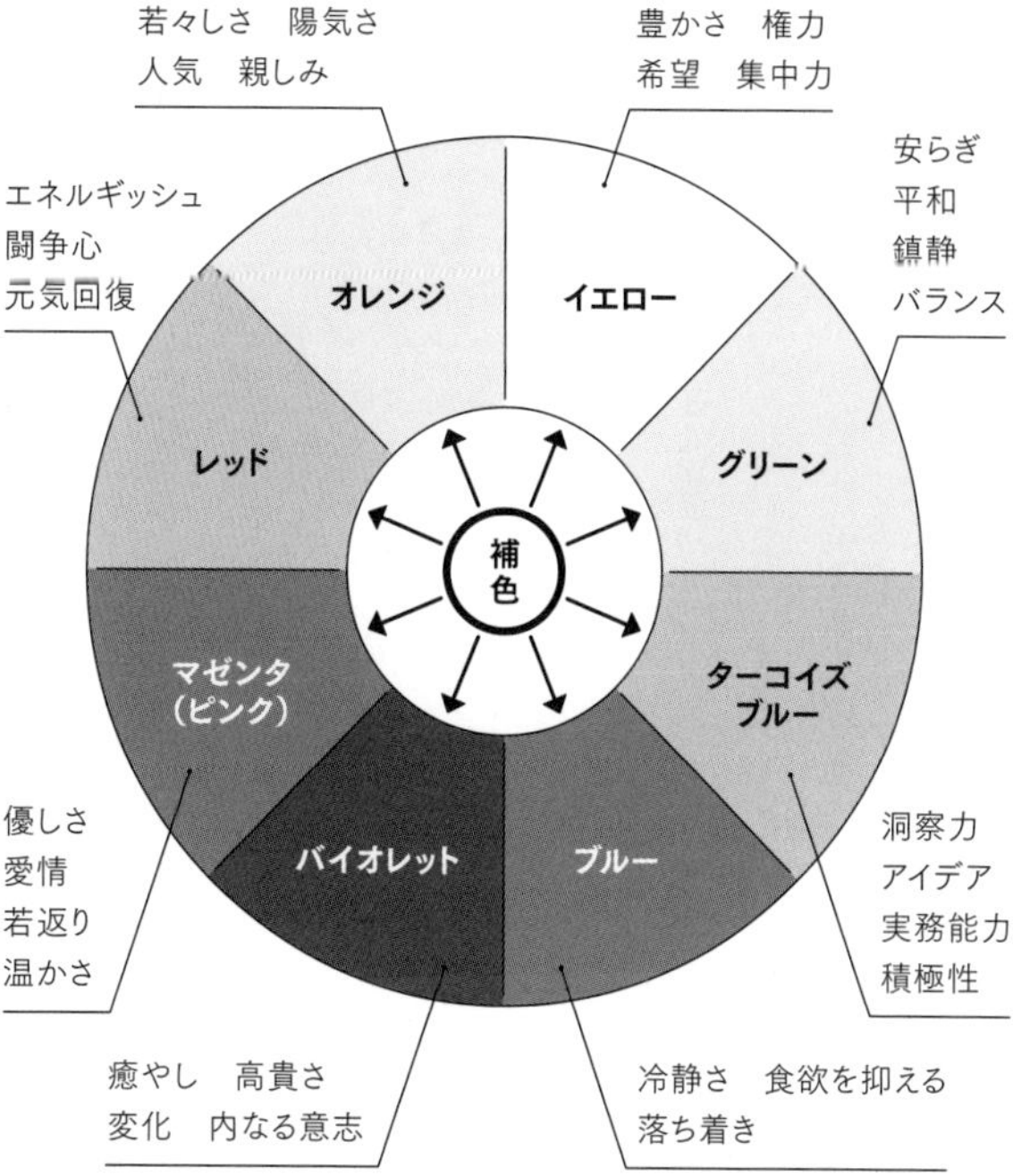

補色

矢印で対立する色が補色。パワーをお互いに補う関係にある。

※巻末につけた「8つの色のパワー」を眺めながら、イメージをふくらませましょう。

③「テーマカラー」の色味、または自分の開運数の「サポートカラー」を上手に取り入れる

偏らないように、テーマカラーやサポートカラーと正反対の色を差し色として使って、バランスよく上手に取り入れましょう。

B氏の場合

スマホの下4ケタを「8878」、足すと31に変更した経営者のB氏は、リーダーとして活躍するために、いま最も必要なのが金運と判断。

そこで、スマホの本体を金運アップの力を持つイエローに変更。同時に、イエローの補色（正反対の色のこと。53ページ「8つの色のパワー」参照）のバイオレットで23（＝31のサポートナンバー）の数字をシールにしてスマホに貼り、力が偏りすぎないようにバランスを取った。

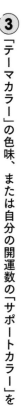

Column 2

日本の風水と琉球風水……そして、シウマのルーツ

風水発祥《はっしょう》の地は中国。日本や沖縄には、いつ頃どのようにして取り入れられていったのでしょう。

まず、日本の本土では7世紀、聖徳太子《しょうとくたいし》の飛鳥時代の頃から風水と近い占術で地相《ちそう》を占い、藤原京《ふじわらきょう》がつくられたことがわかっています。そうした占術は、渡来系《とらいけい》（中国や朝鮮半島から日本に移り住んだ一族）の僧侶たちが伝えたもの。彼らは、後に暦《こよみ》やさまざまな占術を用いて天皇の絶対的権力を支えた、陰陽師《おんみょうじ》と呼ばれる専門技師（であり役人）の前身となりました。

とはいえ、日本の歴史書には、正式には風水の二文字は登場しません。

一方で、琉球（沖縄のこと）の歴史書『球陽《きゅうよう》』には、風水に関する記述がたびたび登場します。

中国との交流がさかんだった14～15世紀頃、福建省《ふっけんしょう》から移住し、久米村に居住した人々は、風水を重視し、龍になぞらえた村づくりをしたことがわかっています。彼らの子孫から**フンシーミー（風水見）**として地相・墓《ぼ》相《そう》・家《か》相《そう》をみる人が現われました。

実は私のルーツはこのあたりにあるようで、先祖代々の言い伝えによると、祖父の家系にはフンシーミーとして活躍していた人が数人いたようです。その影響でいま、母や僕がそのＤＮＡを継承《けいしょう》した風水師をしているのでしょう。

元々は、野球で身を立てていこうと思っていた私がある時、引き戻されるようにして風水の道に入っていったのも、偶然ではない気がしています。

3章

「運命ナンバー」に秘められたメッセージ

——1、2、3……それぞれの数字が持つ意味とは

見方・使い方

全体運
その数字の特徴を解説。

キーワード
その数字の特性を表わす言葉。

運のよい数字（吉数）
総合運の★が3つ以上の吉数と、五大吉数を表示。

シウマからひとこと
数字の特性をふまえた、開運のヒントとなるメッセージ。
◇この数字は、ケータイ・スマホの番号、パスワード、ID、暗証番号などの「変えられる数字」に対応するものです（16ページの「あなたの『身の回りの番号』に〈吉数〉を取り込みましょう！」もご活用ください）。

運勢表示
数字の運勢を、ジャンル別で★～★★★★★で表示。エネルギー値は、よくも悪くも、その数字が持っている力の強さを表わす。なお「直感運」とは直感、感覚的に行動しても失敗の確率が低い運のこと。

この章の

サポートナンバー（24ページ）

その数字のパワーをよりバランスよく使いこなすために必要な数字。ちなみにこの数字を持つ人物とは相性も良好。男女別に記載。

サポートカラー（51ページ）

数字が元々持っている色のイメージをふまえつつ、その性質をお互いに補う色とパワーについて紹介。

運命ナンバー1が持つ運勢

先を読む力はまさにナンバーワン！頼れるリーダーとして活躍

トレンドに敏感で先を見通す力に優れ、何事においても先頭を切って時代を駆《か》け抜けていく数字。独創的な発想力で周囲を圧倒し、あっという間に組織のトップに。リーダーシップもバツグン！　一番であることを好み、実際にそのポジションを獲得《かくとく》してしまうのが、1の数字のすごいところ。独立した場合でも、持ち前の積極性とアイデア力で、自分がいる場所でのナンバーワンに駆け上がります。

ただ、その並外れたスピード感についていけない人がいるのも事実。ある日、後ろを振り返ったら誰もいない……なんて事態も。ときには、周りに目を配り、速度を調整する。そんな心の余裕が持てるようになったら、最強です。

62

運命ナンバー1の開運をサポートする数と色

サポートナンバー		サポートカラー
5	男性	ターコイズブルー
8	女性	

長所であるスピード感も、行きすぎると“先走り”という短所に変わってしまうのが1の特徴。長所を長所としてキープするには、男性は協調性とバランス感覚を補ってくれる「5」、女性はコツコツと積み上げる性質が生まれる「8」の助けを借りて。理想的なリーダーの素質が備わります。

周囲の人々から、燃え盛る太陽のような熱いイメージを持たれているあなた。1を象徴する色は、イメージ通り、レッドです。開運には、テンションの上がりやすさを抑えてくれるターコイズブルーを取り入れるとよいでしょう。周囲と足並みを揃える柔軟性が身につき、一層の発展が望めます。

シウマから開運へと導くメッセージ

「たまには、
後ろを振り返って！」

63　「運命ナンバー」に秘められたメッセージ

こんな時に……

1. 自分の運勢や特性を知りたい！
2. あの人の運勢や特性を知りたい！
3. 日常生活に開運数を取り入れたい！
4. 今日、目についた数字からのメッセージを知りたい！
5. 自分が普段から気にしているラッキーナンバーの意味を知りたい！

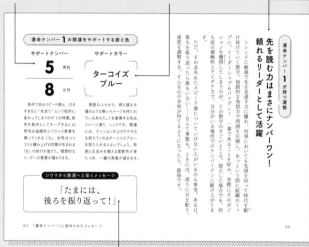

Destiny numbers

運命ナンバー

吉数

1

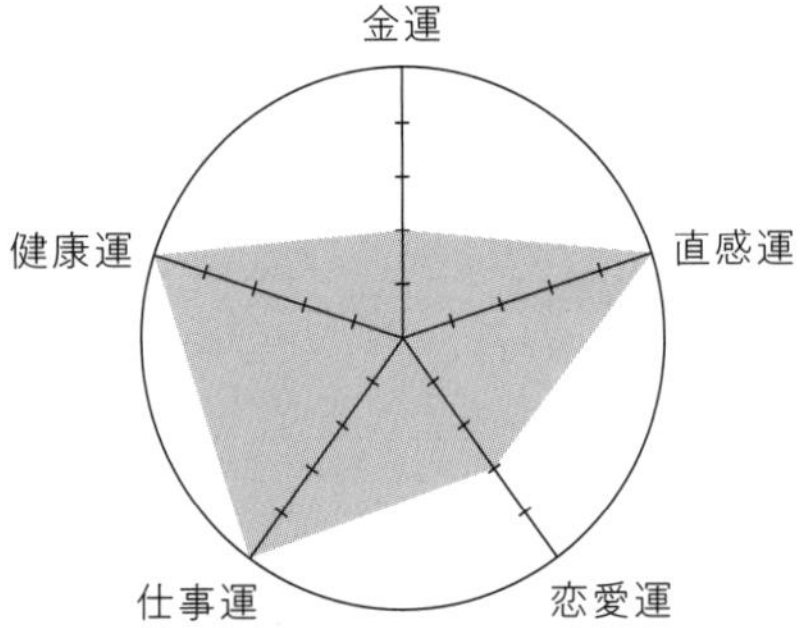

総合運 ★★★★★

エネルギー値

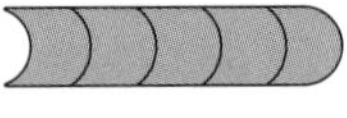

運命ナンバー1を表わすキーワード

リーダー　先を見通す力

スピード感　行動力

エネルギッシュ

運命ナンバー1が持つ運勢

先を読む力はまさにナンバーワン！ 頼れるリーダーとして活躍

トレンドに敏感で先を見通す力に優れ、何事においても先頭を切って時代を駆《か》け抜けていく数字。独創的な発想力で周囲を圧倒し、あっという間に組織のトップに。リーダーシップもバツグン！　一番であることを好み、実際にそのポジションを獲得《かくとく》してしまうのが、1の数字のすごいところ。独立した場合でも、持ち前の積極性とアイデア力で、自分がいる場所でのナンバーワンに駆け上がります。

ただ、その並外れたスピード感についていけない人がいるのも事実。ある日、後ろを振り返ったら誰もいない……なんて事態も。ときには、周りに目を配り、速度を調整する。そんな心の余裕が持てるようになったら、最強です。

運命ナンバー1の開運をサポートする数と色

サポートナンバー

5 男性

8 女性

長所であるスピード感も、行きすぎると“先走り”という短所に変わってしまうのが1の特徴。長所を長所としてキープするには、男性は協調性とバランス感覚を補ってくれる「5」、女性はコツコツと積み上げる性質が生まれる「8」の助けを借りて。理想的なリーダーの素質が備わります。

サポートカラー

ターコイズブルー

周囲の人々から、燃え盛る太陽のような熱いイメージを持たれているあなた。1を象徴する色は、イメージ通り、レッドです。開運には、テンションの上がりやすさを抑えてくれるターコイズブルーを取り入れるとよいでしょう。周囲と足並みを揃える柔軟性が身につき、一層の発展が望めます。

シウマから開運へと導くメッセージ

「たまには、
後ろを振り返って！」

Destiny numbers

運命ナンバー

2

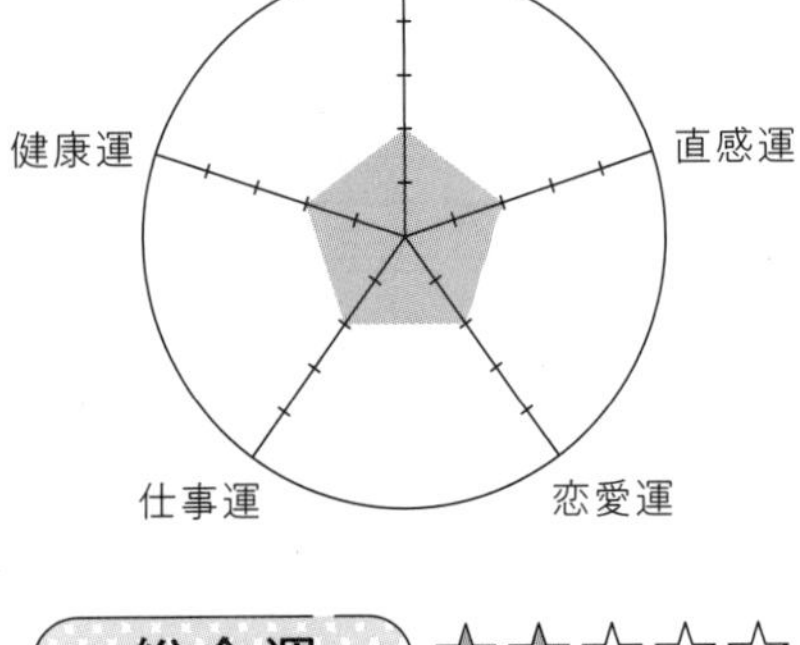

総合運 ★★☆☆☆

エネルギー値

運命ナンバー2を表わすキーワード

消極的　優柔不断

二面性　分離

サポートが得意

チャンスに弱い

運命ナンバー**2**が持つ運勢

優柔不断でチャンスを逃しがち。サポート役に回れば○

自分に自信が持てず、消極的になりやすい数字。優柔不断でもあり、目の前のチャンスを逃しがちです。それどころか、わかりやすく自分の考えを口に出さなかったために、せっかくの手柄を他人にまんまと持っていかれるなんてことも……。

また、自覚はないものの、心の奥には二面的な性格が潜《ひそ》んでいる場合も。周りには気づかれにくいけれど、実は好き嫌いがとてもハッキリしているのでは。

何かと損をしがちな性格の数字ですが、人のサポートは得意なほう。心から信頼できる相手であれば、どんどん尽くしてOK。その頑張りが認められ、自信がついてくれば、行動力も少しずつ上がっていきます。

運命ナンバー2の開運をサポートする数と色

サポートナンバー

29 男性

1 女性

何かにつけて尻込みしがちで、始めの一歩を踏み出せないあなた。必要なのは、自信と行動力です。男性は、人に対して強気で臨む力やカリスマ性を授けてくれる「29」、女性は、エネルギッシュに前進する力をくれる「1」を身近に。強いパワーがマイナス面をフォローしてくれるでしょう。

サポートカラー

イエロー

手柄を奪われる明暗ある人生や、好き嫌いがハッキリしている性格からイメージされるのは、白&黒のモノトーン。マイナス面を補うには、チャンスをつかむ力を養うイエローを身につけて。素早い決断が必要なとき、あなたの背中を力強く押してくれるはず。ここ一番の勝負服にも最適なカラーです。

シウマから開運へと導くメッセージ

「ついていく相手を
間違えないで!」

Destiny numbers

運命ナンバー

吉数

3

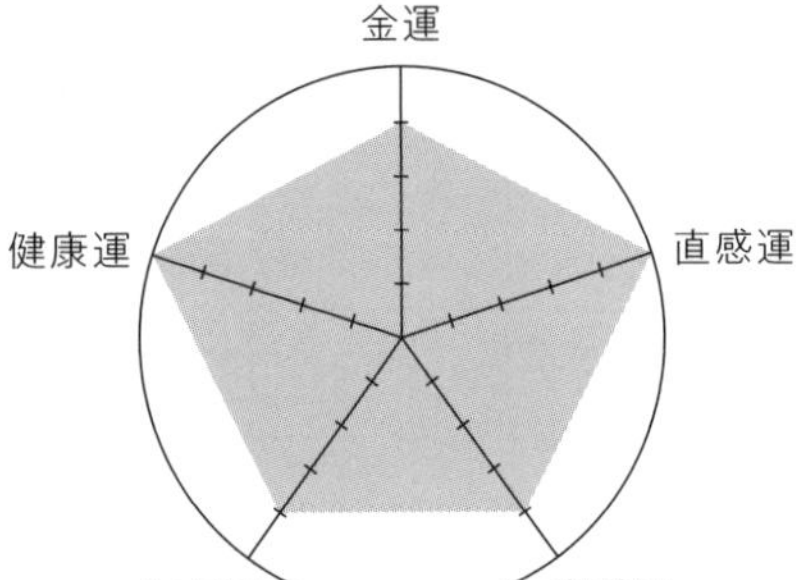

総合運 ☆☆☆☆☆

エネルギー値

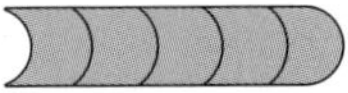

運命ナンバー3を表わすキーワード

無邪気　好奇心旺盛

笑顔　若々しさ

動物的直感　愛され力

運命ナンバー**3**が持つ運勢

いつも笑顔で元気いっぱい。周りを幸せにする愛されキャラ

子どものように無邪気で、元気いっぱい。明るいエネルギーに満ちた数字です。おしゃべりが大好きで、のびのびとした自然な笑顔は何よりの魅力。好奇心も旺盛で、フットワークのよさは人一倍。興味の範囲も広いはず。そのため、年齢を重ねても若々しく、誰からも好かれる〝愛されキャラ〟としてのポジションを確立するでしょう。また、ピュアな子ども特有の直感が働き、面白い物事やラッキーな話をかぎつける嗅覚《きゅうかく》に優れているのも、この数字の特徴。次々と希望を叶える人も多いのでは。

ただし、計画性に欠け、行き当たりばったりの行動が多いのが残念なところ。イタズラが過ぎてトラブルに発展する心配も。

運命ナンバー3の開運をサポートする数と色

サポートナンバー

8 男性

15 女性

　一歩間違うと、勉強嫌いのやんちゃな子どものように、楽しいことだけに熱心になりがちなあなた。男性は、真面目に辛抱《しんぼう》強く頑張るエネルギーを補う「8」、女性は周囲からのサポートが期待できる「15」を身近に置くと、度が過ぎることがなくなり、公私ともに人望や人気が一層高まるでしょう。

サポートカラー

ブルー

　いつもにぎやかで、周囲に明るさを振りまくあなたのイメージカラーは、オレンジ。ただ、天真《てんしん》爛漫《らんまん》さは、行きすぎると反感を買うことにも……。そんな失敗を防いでくれるのが、冷静さをもたらすブルー。この色を身につければ、シリアスな場面で、我慢できずに笑い出すような失態がなくなるでしょう。

シウマから開運へと導くメッセージ

「“空気を読む”ことも必要です！」

Destiny numbers

運命ナンバー

4

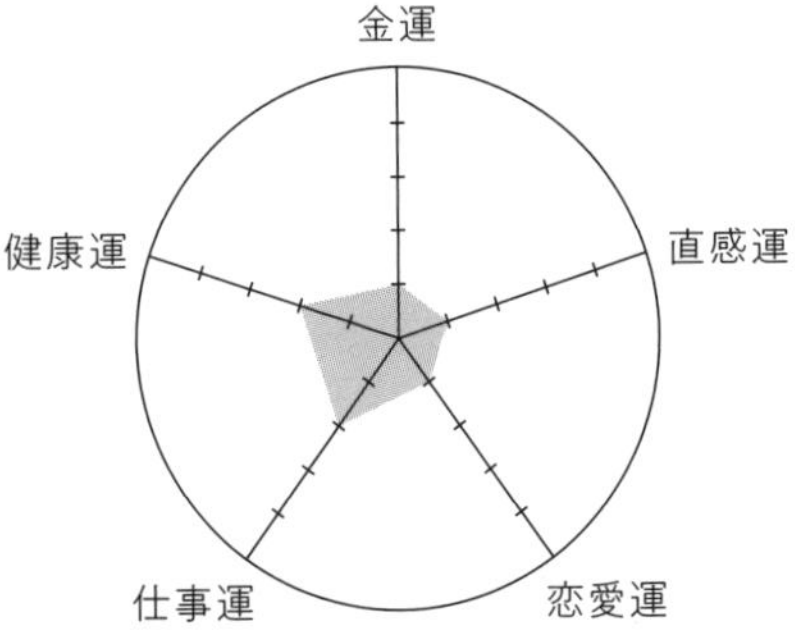

総合運 ★☆☆☆☆

エネルギー値

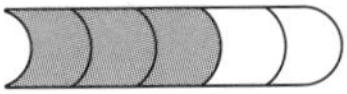

運命ナンバー4を表わすキーワード

他力本願　**依存的**　**甘え**

破壊　**短気**　**孤独**

運命ナンバー**4**が持つ運勢

依存心の強さからトラブルを招くことも。開運の鍵は「自立心」

何事にも依存的で、自分で判断して行動することが苦手。自立が難しい数字です。自分自身の考えがなく消極的なため、周囲から軽く見られがちで、いつの間にか嫌な役回りを押しつけられたり、仕事や勉強の邪魔をされたり……。親しい友人に対しても、甘えが過ぎて、関係が悪化。孤独な人生となる恐れも。

また、何かと人任《ひとまか》せなわりに、実際はかなり短気。心の内に溜《た》め込んだ負のエネルギーは、一度爆発すると、人間関係などの目に見えないものから、身の回りの物など形あるものまで、見るも無残に破壊する力が。周囲を驚かせることでしょう。そこにあるのは「依存的 → 軽視される → 怒りを覚える」という負の連鎖《れんさ》。これを断ち切るには、自立心を養うことが急務です。

運命ナンバー4の開運をサポートする数と色

サポートナンバー

8 男性

3 女性

主体性のない言動のせいで、損ばかりしているあなた。一番の原因は、自立心のなさにあることを自覚しましょう。男性は粘り強さと我慢強さが備わる「8」、女性は明るさと元気を与えてくれる「3」を身近に置いて、とにかく行動！自分の力で未来を切り開いていける人を目指しましょう。

サポートカラー

レッド

他力本願ゆえ、主張することの少ない性格は、よく言えば平和主義。感情を爆発させたりしなければ、あなたにはグリーンのイメージがあるといえそう。でも、このままでいいはずがありません。まずは、レッドの力を借りて、やる気と元気をチャージ。積極性と行動力アップに役立ちます。

シウマから開運へと導くメッセージ

「何事も自分の意志で動きましょう」

Destiny numbers

運命ナンバー

吉数

5

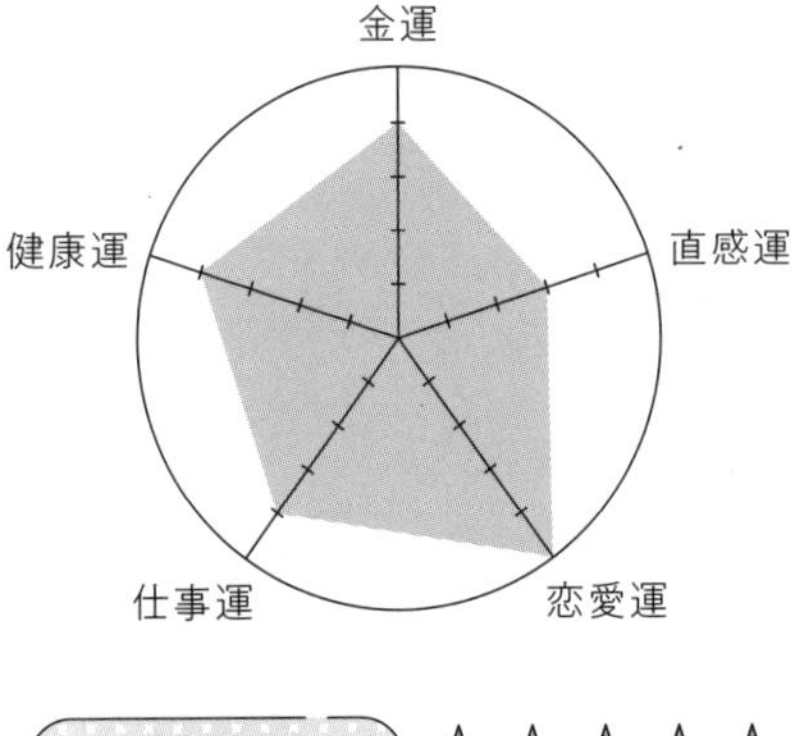

総合運 ★★★★★

エネルギー値

運命ナンバー 5 を表わすキーワード

協調性　優しさ　思いやり

人望　聞き上手

バランス感覚　行動力

運命ナンバー5が持つ運勢

思いやりにあふれた聞き上手。誰からも好かれる人気者

優しさと協調性にあふれ、誰からも愛される力を秘めた数字。自分のことより、他人の気持ちを優先する思いやりの持ち主とあって、どこに行っても多くの仲間ができ、皆から慕《した》われるでしょう。聞き上手な性格を見込まれ、相談事を持ちかけられることも多いはず。厚い人望とバランスの取れた性格に加え、行動力も言うことなし。すべてが噛み合えば、大きな成功をつかむ可能性も十分に。組織の中では人を支えて戦略を練《ね》る参謀《さんぼう》的な役割で活躍するタイプです。

もったいないのは、相手の立場を思いやるあまり、伝えるべき本音を飲み込んでしまい、後悔や悩みを増やしてしまう点。唯一の課題は「嫌なものは嫌！」と断わる勇気を持つこと、といえそうです。

運命ナンバー5の開運をサポートする数と色

サポートナンバー

16 男性

7 女性

周りを気遣うあまり「私も欲しい!」と言えなかったり、「それはよくない」と忠告できなかったり。自己嫌悪に陥《おちい》ったり、苦しくなったとき、男性は強い信念を授けてくれる「16」、女性は個性や主張する力をくれる「7」を身近に置いて。本音が言えないストレスから解放されるはず。

サポートカラー

グリーン

誰にでも優しく、ほんわかした雰囲気のあるあなたのイメージカラーはマゼンタです。多くの愛を受ける人ですが、ときに与えてばかり、聞き役ばかり……ということも。それでは心が疲れてしまいます。そんなときに力になってくれるのが、グリーン。そっと心を癒やし、いつもの自分に戻してくれるでしょう。

シウマから開運へと導くメッセージ

「ときには本音で話しましょう」

Destiny numbers

運命ナンバー

吉数

6

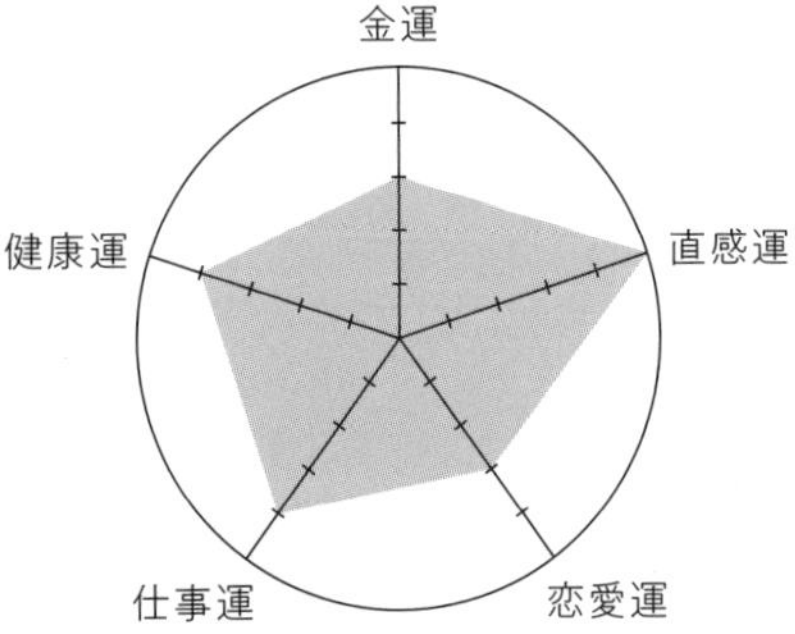

総合運 ★★★★☆

エネルギー値 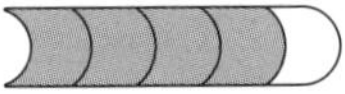

運命ナンバー6を表わすキーワード

神仏のご加護　浮き世離れ

天の恵み　第六感

夢追い人　理想　上品さ

運命ナンバー6が持つ運勢

不思議な力に守られた、ミステリアスな空想家

先祖や神仏など「目に見えないもの」から守られる力が強い数字。第六感も冴《さ》えているので、思いがけないチャンスを得たり、奇跡的に危険を回避できたり、といった不思議な運の強さを発揮します。スピリチュアルなテーマへの関心は人一倍。そのため、どこか浮世離れした印象を与えがちです。実際、現実離れした夢と理想を追い続ける傾向があり、おしゃれにはあまり関心がなく、流行とは無縁のファッションでも平気な人です。

ただ、その独特なキャラは、一般的な社会生活では浮いてしまうことも。自分にしかわからないような発言、協調性のなさから反感を買うことがありそう。しかし、自分の立ち位置を客観視することで、周りと上手にやっていけるでしょう。

運命ナンバー6の開運をサポートする数と色

サポートナンバー

25 男性

3 女性

よく言えばミステリアス、悪く言えば変わり者。いずれにせよ、共通しているのは“取っつきにくさ”。男性は、ルールや常識を重んじる気質を授けてくれる「25」を、女性は老若男女からマスコット的にかわいがられる「3」を身近なところに。孤立する場面が少なくなり、ぐっと生きやすい世の中に。

サポートカラー

イエロー

不思議な直感力を持ち、宇宙とのつながりを感じさせるあなたのイメージカラーは、バイオレット。神仏の道に進むのでなければ、社会性や社交性を育むイエローの助けを借り、世の中と足並みを揃える必要がありそうです。集中力も養われるので、現実逃避しがちな性格の改善にも効果大。

シウマから開運へと導くメッセージ

「現実にもちゃんと目を向けましょう」

Destiny numbers

運命ナンバー

吉数

7

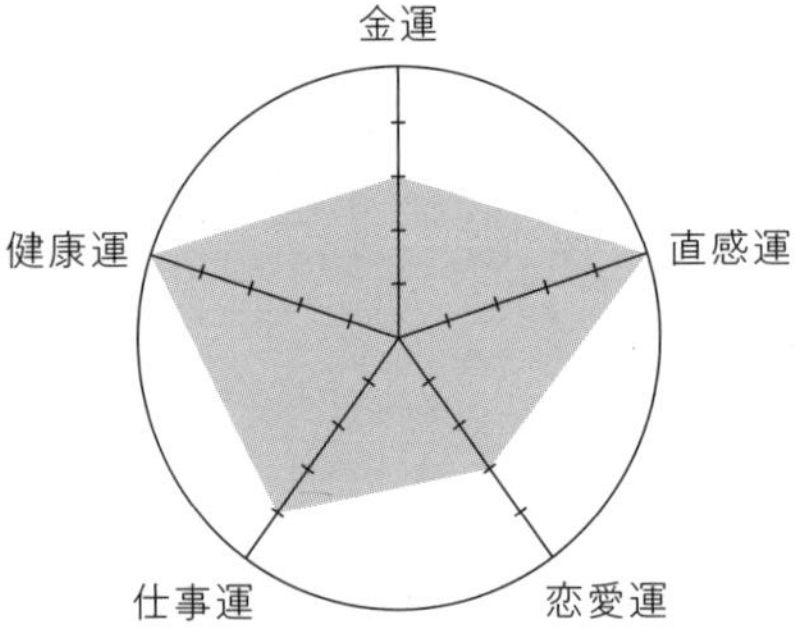

総合運 ★★★★★

エネルギー値

運命ナンバー7を表わすキーワード

個性派　こだわり　創造力
強い意志　孤高のカリスマ
独立心　勇気

運命ナンバー7が持つ運勢

強いこだわりを持つ個性派。情に流されないドライな面も

抜群のセンスと感性を発揮する数字。強いこだわりを持ち、人と同じであることを何より嫌う個性派です。目標に向かって突き進む勇気とエネルギー、地味な努力も嫌がらない真面目さ、ライバルや障害にも動じない精神力、チャンスを逃さない判断力など夢を叶えるために必要な要素をすべて兼《か》ね備えている人です。活躍の場面はさまざまですが、独創的なアイデアでカリスマとしての人気を集め、大きな成功をつかむでしょう。

一方で、お金や恋愛には比較的無関心です。自分の世界観を重んじるため、人間関係は少々ドライ。マイペースな言動が反感を買うこともありますが、気にならないなら我が道をひたすら追い求めてください。

運命ナンバー7の開運をサポートする数と色

サポートナンバー

11 男性

24 女性

夢を叶えるためなら、邪魔になるものをバッサリ断ち切る性格があるあなた。そのクールさは、もう少し和らげてもいいのかもしれません。男性は、誠実さや温和な気質をくれる「11」を、女性は女子力を高める「24」を身近なところに。人間的な魅力が増し、さらなる高みに昇れることでしょう。

サポートカラー

ゴールド

鋭い視点やインスピレーションで、周囲に一目置かれるあなたは、個性派の象徴・バイオレットのイメージそのもの。さらなる輝きを身につけるために有効なのは、特別な力を持つカラー・ゴールドを活用してみて。人望が得られ、より高いステージのカリスマを目指す助けに。

シウマから開運へと導くメッセージ

「心のままに突き進んで」

Destiny numbers

運命ナンバー

吉数

8

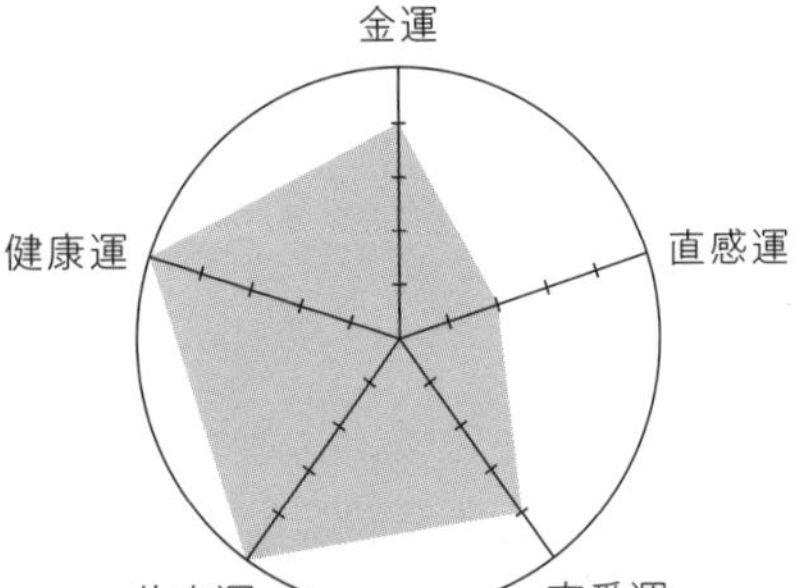

総合運 ★★★★★

エネルギー値

運命ナンバー8を表わすキーワード

度胸　職人的　タフ　頑固

努力家　堅実　安定感

運命ナンバー**8**が持つ運勢

コツコツ前進。ひたむきな努力でゴールに到達する頑張り屋

何事もコツコツと積み上げることが得意。決して諦《あきら》めることなく、ひたむきな努力によって、着実に前進していく数字。気力、体力、精神力のいずれも大充実。少々きつい課題や地味でやりがいに欠ける作業も真面目に取り組み、最後までやり遂《と》げます。ここぞというときに踏ん張りが利《き》くので、実力が同じくらいのライバルとの勝負では、必ず勝ちをつかむでしょう。

人を裏切ることがなく、人間関係はプライベートでも仕事でも円満です。本当に大切な人とだけ深くつき合うなかで、穏やかな幸せを得ていく人です。

惜《お》しいのは、真面目な性格が裏目に出て、第一印象で「愛想のない人」と思われてしまうところ。華やかさのある小物を身につけてイメージアップを。

運命ナンバー8の開運をサポートする数と色

サポートナンバー

23 男性

13 女性

努力でいずれ勝ちをつかむ人ですが、できればその頑張りをもっと早く認めてもらいたいもの。そこで活用したいのが、男性は非凡な発想力を高めたり、会話を楽しむ余裕が生まれる「23」、女性は柔らかな笑顔が自然に出せるようになる「13」。やりたいことがスムーズにできるようになるはず。

サポートカラー

オレンジ

掲げた目標に向かって計画的に前進するあなたのイメージカラーはイエロー。真面目さが強く出ると、頭でっかちに。親しみやすさを養ってくれるオレンジを取り入れ、魅力アップを図りましょう。特に、第一印象がモノを言う面接や交渉事の場面、さらには初デートなどの服装に取り入れると◎。

シウマから開運へと導くメッセージ

「さわやかな笑顔を忘れないで」

Destiny numbers

運命ナンバー

9

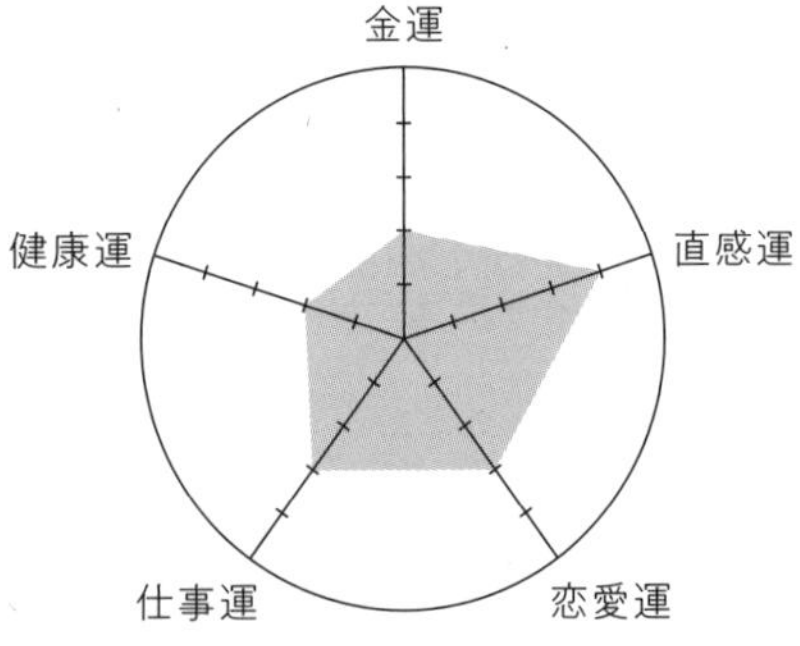

総合運 ★★☆☆☆

エネルギー値

運命ナンバー9を表わすキーワード

鋭い感覚　**目立ちたがり**

企画力　**自己中心的**

浮き沈み

運命ナンバー9が持つ運勢

独創的なアイデアが光る芸術家タイプ。目立ちたがりな一面も

面白い企画やアイデアを生み出す数字。直感力が鋭く、発想のタネをいち早くキャッチしますが、その捉え方が独特なために、周りの人に理解してもらえず実社会に生かせないこともしばしば。高く評価されるのは、考え抜いた末にひらめいた企画のほうかも。また、人々の注目を集めることに快感を覚える目立ちたがり屋の面も。リーダー的存在として、場を仕切るのも大好きです。こうした気質は、芸能の分野に進むと、最大限に発揮できるでしょう。

ただし、〝仕切りたがり〟が過ぎ、自己中心的な言動が増えるのは残念な点。サバサバしているように見えて、実はとても繊細《せんさい》。人前に出ては失敗して落ち込むなど、気持ちの浮き沈みが大きいので心が疲れたら無理をせず休みましょう。

運命ナンバー9の開運をサポートする数と色

サポートナンバー

15 男性

25 女性

自己中心的な振る舞いで、周囲との関係を悪化させがちなあなた。ほどよい距離感で人と接するコミュニケーション能力の強化が課題に。活用したいのは、男性は老若男女から支持される「15」、女性は落ち着きをもたらす「25」。暴走する場面が減り、大小のトラブルが回避されるように。

サポートカラー

バイオレット、イエロー

あなたの鋭い直感力はバイオレットのイメージ。ただ、その能力は体調と運気に左右されやすく、波がありそう。安定して能力を発揮するためには、バイオレットで元々の力を補強しつつ、集中力を高めるイエローで感性のアンテナの精度を高めて。可能性がぐっと広がるはず。

シウマから開運へと導くメッセージ

「疲れたときは、
気晴らしを」

Destiny numbers

運命ナンバー

10

総合運 ★☆☆☆☆

エネルギー値

運命ナンバー10を表わすキーワード

空回り　孤立

トラブル　瞬発力

スタートダッシュ　無気力

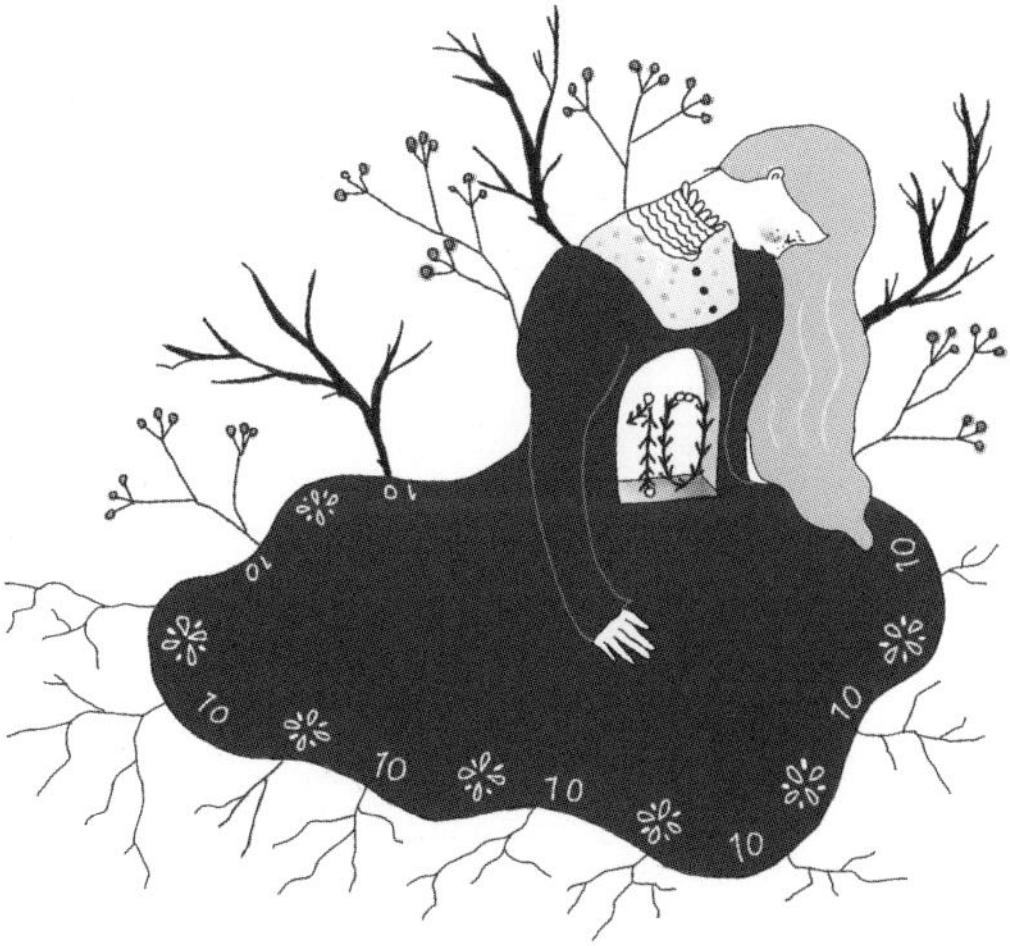

運命ナンバー10が持つ運勢

やることなすこと空回り。武器になるのは「瞬発力」

やることすべてが空回りしがち。よかれと思ってしたことが、どういうわけか裏目に出てしまう数字。「トラブル続きでグチっぽくなる→人間関係に悪影響→孤立して元気がなくなる」という悲しい連鎖に打ちのめされそう。

また、やたらと出費が多く、その一方で軌道に乗りかかった仕事がなくなってしまうなどの災難にあってやりくりに困るなど、金運も低調ぎみです。

無気力なことが多く、自分から進んで何かをすることは少ないですが、指示されたことを忠実にこなすのは得意。特にスタート時の瞬発力はピカイチなので、切り込み隊長として突破口を開く役割で活躍できます。新しいプロジェクトの立ち上げ時などが頑張り時。そうしたチャンスを大切にすると◎。

運命ナンバー10の開運をサポートする数と色

サポートナンバー

3 男性

35 女性

本当はもっと頑張りたいのに、どうもやる気が続かないあなた。どこに行ってもいい加減な人だと非難され、悔しい思いをしているのでは。男性は、行動力や希望が湧いてくる「3」、女性は真面目な取り組みで結果を出す「35」の力を借りてパワーアップ。

サポートカラー

マゼンタ

気力が続かず、物事に真剣に取り組めないのは、グリーンのパワーがマイナス面に転じた状態。これ以上運気を落とさないためには、まず身の回りのグリーンのアイテムを減らすことから。同時に、勇気を与えてくれるマゼンタの活用を。勝負時だけでなく、日常にもどんどん取り入れて。

シウマから開運へと導くメッセージ

「気力は限りあるもの。ペース配分が大切です」

Destiny numbers

運命ナンバー

吉数

11

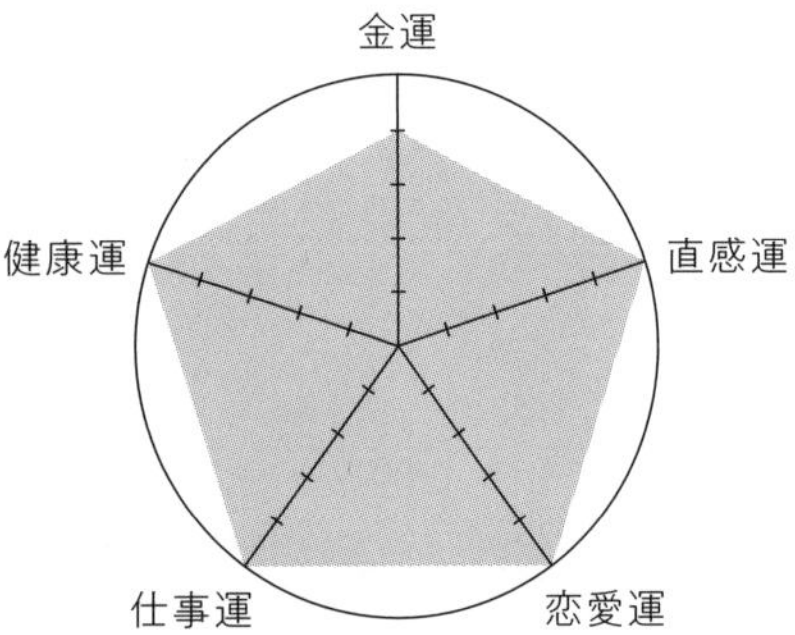

総合運 ☆☆☆☆☆

エネルギー値

運命ナンバー11を表わすキーワード

天の恵み　誠実　素直
知性　先見性
頭の回転が速い　モテる

運命ナンバー11が持つ運勢

頭の回転が速くて話題も豊富。裏表のない性格で人に好かれる

天の恵みを受けて成功をつかむ数字。心にくもりがなく、誰に対しても誠実で素直。相手の心にまっすぐに届く言葉とピュアな存在感で周囲を魅了し、多くの人に愛され、充実した人間関係を築くことでしょう。トレンドに敏感で、話題も豊富。周りはいつもにぎやかな雰囲気に包まれているはずです。幸運に恵まれるだけでなく、頭のよさや先を読む力で人生を切り開く力も十分に持っています。

頭の回転が速いせいか、先を急ぎすぎる傾向があり、せっかちな印象を与えがち。また、素直な人柄につけこまれ、利用されたり騙《だま》されたりすることも。端《はな》から人を疑《うたが》う必要はありませんが、「おかしいな……」と思ったら近づかないでおくことも大切です。

運命ナンバー11の開運をサポートする数と色

サポートナンバー

29 男性

32 女性

　驚くほどピュアで、見たままのわかりやすい性格を持つあなた。幸運の持ち主ではありますが、生きにくいこの世の中、そんな人が無防備でいるのは、ちょっと危険。男性は、直感を研《と》ぎ澄《すま》せる力のある「29」、女性は良縁を引き寄せる「32」を身近に置いて自分を守りましょう。備えあれば憂いなし！

サポートカラー

レッド

　頭の回転が速く、行動が機敏。スピード感のある言動は、ターコイズブルーの特徴です。ときに物事を先取りしすぎて無《む》駄足《だあし》を踏んだり、損をしがちなあなたに必要なのは、レッドの力。勝負強さに加え、少々のことではめげない元気がチャージされ、さらなる発展が望めるようになるでしょう。

シウマから開運へと導くメッセージ

「たまには回り道を楽しんでみては？」

Destiny numbers

運命ナンバー

12

総合運 ★★☆☆☆

エネルギー値

運命ナンバー12を表わすキーワード

不安定　家族思い

トラブル　挫折　犠牲

不器用　努力家

運命ナンバー12が持つ運勢

努力が報われずに終わってしまう……。強すぎる家族愛がネックに

人の何倍も努力して誠実に取り組んでいるのに、その頑張りはいつもなぜか空回り。優先順位や段取りを間違うなど、不器用な面もありますが、想定外の邪魔が入ったり、急な変更が生じるなどの運のなさからも、歯車が狂いがちです。協調性が足りないのが失敗の原因かもしれません。そして、とばっちりやトラブル続きの報われない自分が嫌になってしまうことも……。

そんなアンラッキーな出来事が続いても、家族や身内のことはいつも気にかけているタイプ。何かあれば飛んで駆けつけ、懸命にサポート。しかし、その裏には、大事な仕事に穴を開けたり、チャンスをつかみ損ねるなどの自己犠牲《じこぎせい》がありそう。苦労の絶えない毎日ですが、諦めずに前を向くことが大切です。

運命ナンバー12の開運をサポートする数と色

サポートナンバー

31 男性

5 女性

協調性に乏《とぼ》しいうえに、たび重なるトラブルにヤケになり、人間関係がギクシャクしやすいあなた。男性は、仲間やツキを呼び込む「31」を、女性は人に恵まれる力や優しさを補う「5」の助けを借りましょう。周囲のサポートが得られ、むやみに邪魔されることも少なくなるはず。

サポートカラー

グリーン

努力は報われず、家族には足を引っ張られ……どんよりしたくもり空のような日々が続く人生は、ずばりグレーのイメージ。いつになっても晴れない気持ちは、グリーンの力を借りて癒やしましょう。寝具に活用して、心休まる環境をつくり、穏やかな日々が訪れるのを願って。家族関係のトラブルも少なくなっていくでしょう。

シウマから開運へと導くメッセージ

**「粘り強く
立ち向かいましょう」**

Destiny numbers

運命ナンバー

吉数

13

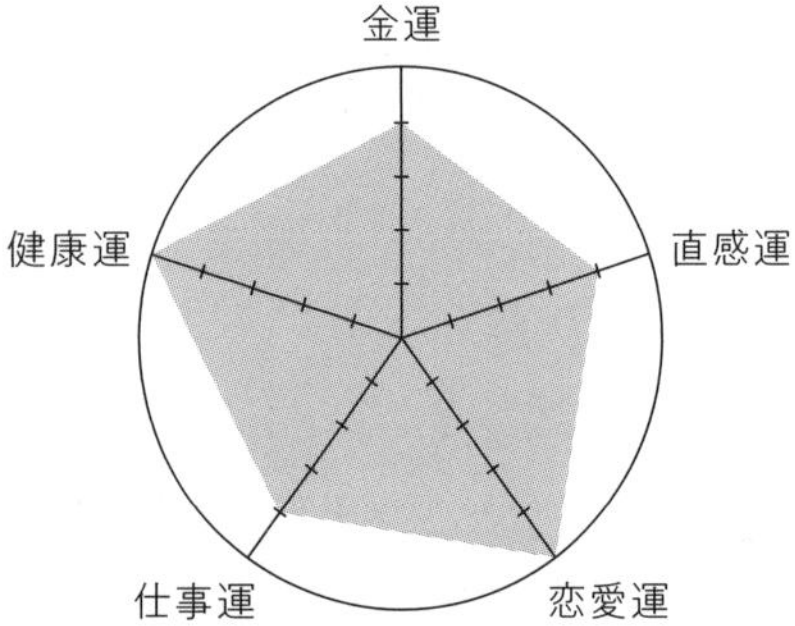

総合運 

エネルギー値 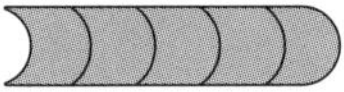

運命ナンバー13を表わすキーワード

人気者　ムードメーカー

チャンスに強い

エイジレス　芸能　決断力

運命ナンバー13が持つ運勢

親しみやすいムードメーカー。人気もチャンスもゲット！

明るくノリのよいトーク、お茶目なキャラクターで、芸能人的な人気と存在感を獲得していく数字。優れた決断力、チャンスをつかむ力も十分。少々おっちょこちょいな面がありますが、そういう〝キャラ〟として笑って許してもらえるタイプ。子どものような可愛らしい性格に加え、病気知らずの健康体とあって、いくつになっても見た目も中身も年齢を感じさせない人。男女問わず支持されるでしょう。集団の中では、パワフルなムードメーカーとして場を盛り上げます。

人見知りすることがないので、どこに行ってもうまくやれますが、度が過ぎるなど、ちょっと空気が読めないことも。それでも嫌われたり悪口を言われたりしないのは、持って生まれた才能かもしれません。

運命ナンバー13の開運をサポートする数と色

サポートナンバー

25 男性

8 女性

見る人によっては、チャラチャラした人間に受け取られがちなあなた。そんな損をしないためには、男性は「25」、女性は「8」を味方につけて。ともに真面目さを補う数字なので、落ち着きある雰囲気を演出してくれます。頭がかたい目上の人と会うときなどに◎。悪目立ちがぐっと減るはず。

サポートカラー

ブルー

親しみやすいキャラクター、いつもハイテンションなあなたの言動は、淡いオレンジのイメージ。なかなかない魅力ではありますが、空気を読む必要があるシリアスな場に出向くときは、ブルーの力を借りて、いつものノリを少しトーンダウンさせて。冷静さが補われ、失礼な振る舞いがなくなります。

シウマから開運へと導くメッセージ

「少し冷静になれば
もっと輝きます」

Destiny numbers

運命ナンバー

14

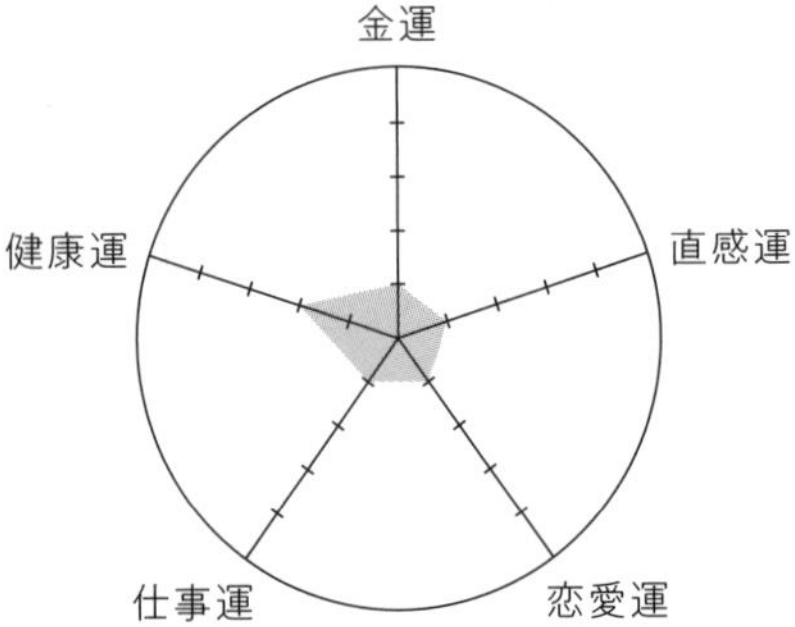

総合運 ★☆☆☆☆

エネルギー値

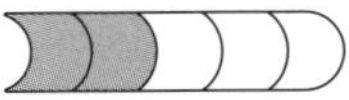

運命ナンバー14を表わすキーワード

金銭トラブル　不平不満

グチ　マイナス思考

破壊力

運命ナンバー**14**が持つ運勢

金銭問題で不満がいっぱい。イライラ爆発はもう目前⁉

金銭トラブルがつきまとう数字。働いても働いてもお金が手の中からこぼれていき、まとまったお金が残らない状態。突然の出費が理由のこともあれば、詐欺《さぎ》に巻き込まれて失う場合も。それでなくとも、イライラしやすく、日々「納得いかない！」とグチり、怒りの感情を抱えているようです。マイナス思考で、不平不満が多いあなたの話に、うんざりしている人も。結果、周りには同じようにグチっぽいタイプが自然と集まってしまい、会話はいつもネガティブなほうへ。

しかし、あなたには、強力なパワーが秘められています。うまく作用すれば邪魔者を追い払って感謝されたり、驚きのひと言で行き詰まった空気を変えたりと、ひとつの長所にしていくことも可能です。

運命ナンバー14の開運をサポートする数と色

サポートナンバー

21 男性

24 女性

日々あなたを悩ませ続けるのは、お金にまつわるトラブル。必要なのは金運。それに尽きます。男性は自信がみなぎり、生活力が上がる「21」、女性は、自身の財運アップに加え、玉の輿に乗る可能性が高まる「24」を取り入れ、運を強化。数字の力を信じて、お金に好かれる人を目指しましょう。

サポートカラー

ゴールド

今のあなたのイメージは、ムラや汚れのあるダークブラウン。何色ものカラーバリエーションがある商品のひとつだとしたら、残念ながら、あまり手に取られない色合いといえそうです。今、何をおいても解決したいのは下降する一方の金運。ここは光り輝くゴールドの力を借りて、プラスの連鎖を引き寄せましょう。

シウマから開運へと導くメッセージ

「すべては
お金の管理から」

Destiny numbers

運命ナンバー

五大吉数

15

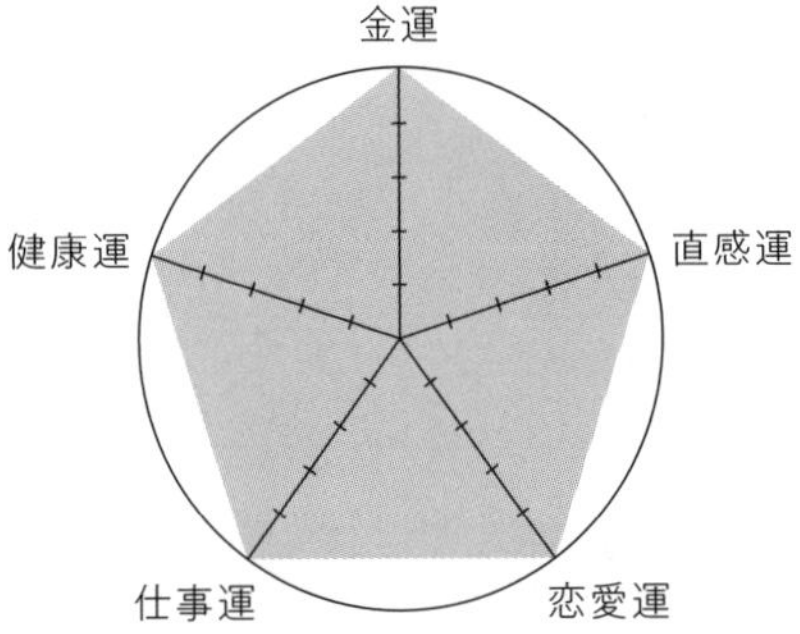

総合運 ★★★★★

エネルギー値

運命ナンバー15を表わすキーワード

金運　名声　人脈

パーフェクト　穏やか

家庭運　人気者

運命ナンバー15が持つ運勢

何をやってもうまくいく！
誰もがうらやむパーフェクトな人生

人間的な魅力にあふれ、あらゆる運と人気を手にする大吉数。仕事では、自分の能力だけでなく、力のある人物から引き立てられる場面も多いあなた。誰よりも早く理想的なポジションにつくでしょう。心優しく面倒見がいいので、交友関係も豊かです。

人気の高さは恋愛でも同様。どこに行ってもモテモテで、思いがけないプレゼントをもらうことも多くなりそう。また、どんなに仕事が忙しくても、家族との時間を大切にする一面も。夫婦関係、親子関係ともに皆がうらやむほど良好です。

何もかもを手にする人ですが、誰ひとり非難する人はいません。人気者として末永く幸せで、パーフェクトな人生です。

運命ナンバー15の開運をサポートする数と色

サポートナンバー

24 男性

31 女性

誰もがうらやむほどの強運を持つあなたをサポートしてくれるのは、同じレベルの強さを持つ数字。男性は男らしく稼ぐ力と、無から有を生み出す力をくれる「24」、女性は健康運と金運を高めてくれ、幸せな結婚へと導く「31」を身近に置いて。一層の発展が望めること請《う》け合いです。

サポートカラー

レッド

優しさに満ち、周囲にプラスの影響を与えるあなたの存在は、マゼンタのイメージ。ただ、マゼンタは使いすぎると、人のお世話に疲れてしまうことも。補ったほうがよい色があるとすれば、強力なパワーをくれるレッド。活力がみなぎり、日々健康で、やりたいことが思う存分にできるようになるでしょう。

シウマから開運へと導くメッセージ

「言うことなし！」

Destiny numbers

運命ナンバー

吉数

16

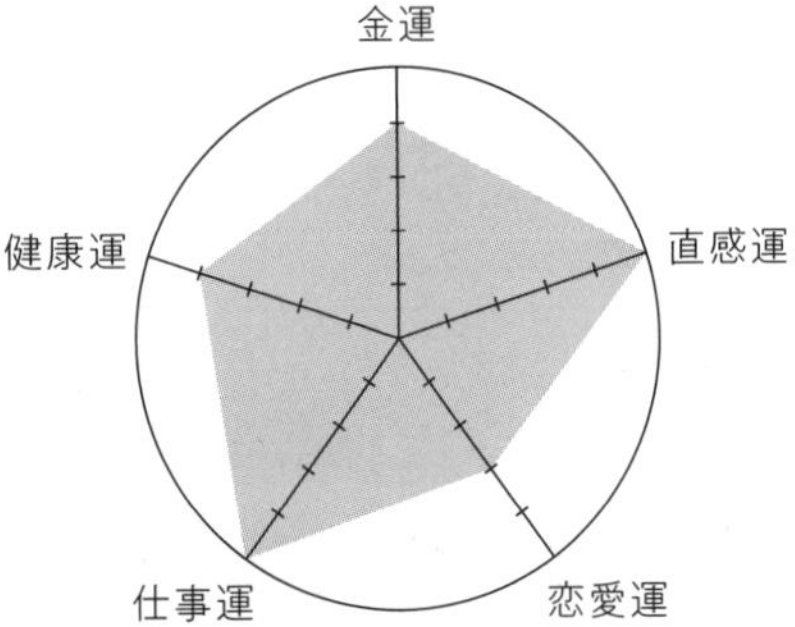

総合運 ★★★★☆

エネルギー値

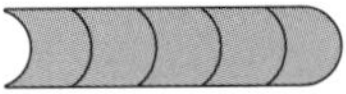

運命ナンバー16を表わすキーワード

組織のトップ　親分肌

義理人情　正義感　信念

スピリチュアル

運命ナンバー16が持つ運勢

周りに慕われる正義感の強いリーダー。目標までまっしぐら

正義感あふれるリーダーとして慕われる数字。その場に応じたルールを決め、組織をまとめるのが得意なタイプ。生まれながらに親分&姉御肌で面倒見がよく、義理人情に厚いので、多くの人を助ける一方で、恩知らずの裏切り行為は絶対に許しません。何事も好き嫌いがハッキリしていて、これと決めたことにはまっしぐら！　必ず目標を達成する有言実行の人でもあります。

また、スピリチュアルな感性を持ち、奇跡的にピンチから抜け出せたり、思わぬ収入が入ってくるなど、幸運に恵まれることも多数。

上下関係や義理人情など〝人の道〟に厳しく、頑《かたく》なになりすぎることもしばしば。そのため、少々堅物で融通が利かない面が気になるところです。

運命ナンバー16の開運をサポートする数と色

サポートナンバー

3 男性

13 女性

強い正義感からくる厳しすぎる印象を後輩や部下に与えてしまいがち。特に女性は男まさりな性格が前面に出やすいでしょう。男性は若々しさとアクティブさを補う「3」を、女性は、明るさや話しやすさを与えてくれる「13」を身近なところに。サポートを得ることで目標達成がよりスムーズになるでしょう。

サポートカラー

イエロー

パワースポットに足を運ぶなど、精神世界への関心が高いあなたのイメージカラーは、バイオレット。周囲から「そんなに縁起をかつがなくても……」と引かれそうなときなどは、イエローの力を借りましょう。現実的な発想力が補われ、心のバランスが取れるようになり、仲間からの信頼が高まります。

シウマから開運へと導くメッセージ

「ときには、
許す心も必要です」

Destiny numbers

運命ナンバー

吉数

17

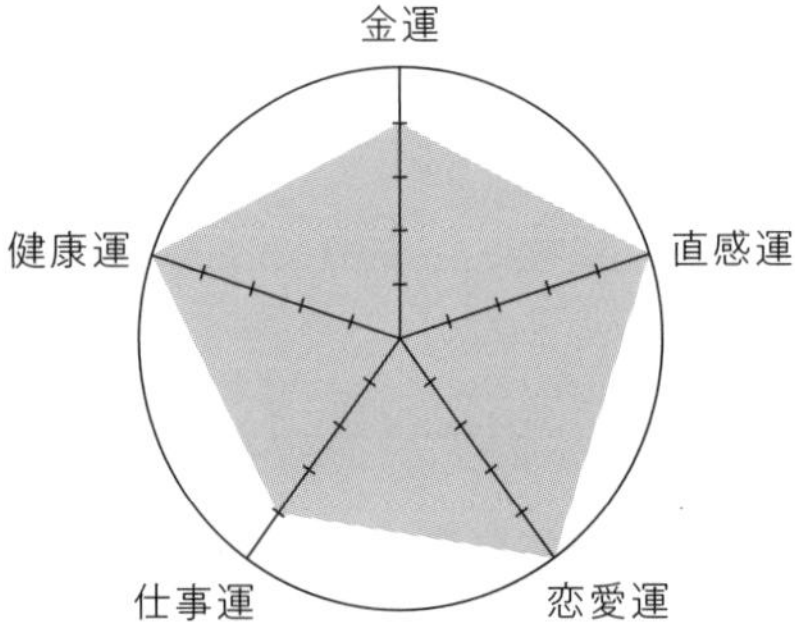

総合運 ☆☆☆☆☆

エネルギー値

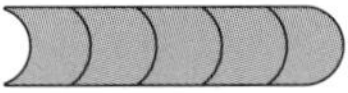

運命ナンバー17を表わすキーワード

タレント性

自己プロデュース　美意識

努力家　健康　独立心

運命ナンバー17が持つ運勢

恵まれたルックスと自己プロデュース力で、注目の的に

際立った存在感やタレント性で、どこに行っても注目を集める数字。自己プロデュース力が高く、自分の見せ方も十分にわかっている人です。美しいルックスに恵まれていることもあって、人前に出る場面では実力以上の力を発揮します。

また、目標のためなら誰が何を言おうと突き進むタイプ。何事も自分でやらないと気が済まない性格も手伝い、周囲に反対されたことでも努力を積み重ね、目指した場所に到達します。健康も味方して、勢いのある人生を歩むことでしょう。ただし、アクセル全開で突っ走れるのは、自分がこれと決めた目標のみ。ハッキリとしたゴールを定めるのが成功をつかむ鍵といえそうです。

運命ナンバー17の開運をサポートする数と色

サポートナンバー

33 男性

32 女性

人の注目を集めることで成功をつかむあなたは、華のある特別な存在であり続けることが重要。男性は、個性を高めてダイナミックな人生へと導く「33」を、女性はチャンスや縁、金運を与えてくれる「32」を身近に置いて、魅力と可能性を強化。頂点を極める大きな助けになることでしょう。

サポートカラー

ターコイズブルー

選ばれた人だけが登れるステージで注目を集めることができるあなたは、特別感や幸福を表わすゴールドのイメージ。その輝きをサポートするのは、積極性やアイデア力を高めてくれるターコイズブルー。少し弱気になったとき、また目標がなかなか決まらないときに頼りにすると◎。

シウマから開運へと導くメッセージ

「大きな目標ほど叶います」

Destiny numbers

運命ナンバー

吉数

18

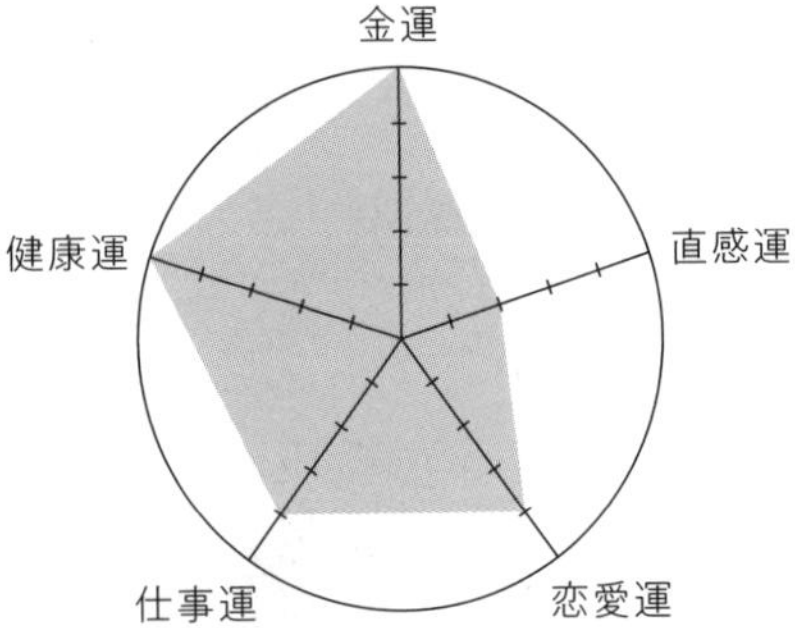

総合運 ★★★★☆

エネルギー値

運命ナンバー18を表わすキーワード

生命力　タフ　強気

家族愛　マイペース

頑張り屋　頑固

運命ナンバー**18**が持つ運勢

持ち前の決断力で人生を切り開いていく力はバツグン！

生命力にあふれ、やりたいことをエネルギッシュにこなしていく数字。精神的にもタフで考えにブレがなく、優れた決断力を発揮していきます。強気で怖いもの知らずな性格も特徴のひとつ。一方で、興味を持ったことには石橋を叩きながら慎重に進み、結果、確実にチャンスや人脈を広げ、人生を切り開いていきます。その姿はまるで狩猟《しゅりょう》動物のようです。

また、かなりの家族思いで、家族の幸せのためなら、どんな努力も惜しみません。当然、家族からの大きな愛情やサポートにも恵まれます。

いつもどっしり構えていて、頼もしい人物ではありますが、その反面、やや我《が》が強く、人の意見を聞き入れない頑固さが気になるところです。

運命ナンバー18の開運をサポートする数と色

サポートナンバー

13 男性

15 女性

人の話を聞かないことが多く、周囲の反感を買いやすいあなた。男性は、ノリのよいトークと明るさで人気を集める「13」、女性は人間的な魅力が高まり、活躍の場が広がる「15」を身近に置いて、柔軟性や人当たりのよさを強化。人間関係がよい方向へと変わり、物事がスムーズに運ぶようになるでしょう。

サポートカラー

オレンジ

家族の幸せを第一に考え、力の限り守ろうとする姿勢はグリーンのイメージ。心優しい家族思いではあるけれど、他人の前では愛想がなく、ムスッとしていることもしばしば。そんなあなたに必要なのはオレンジの力。親しみやすさが生まれ、強気に物事を進めるときも周囲の理解や協力が得られるように。

シウマから開運へと導くメッセージ

「ときには、人の意見に
耳を傾けましょう」

Destiny numbers

運命ナンバー

19

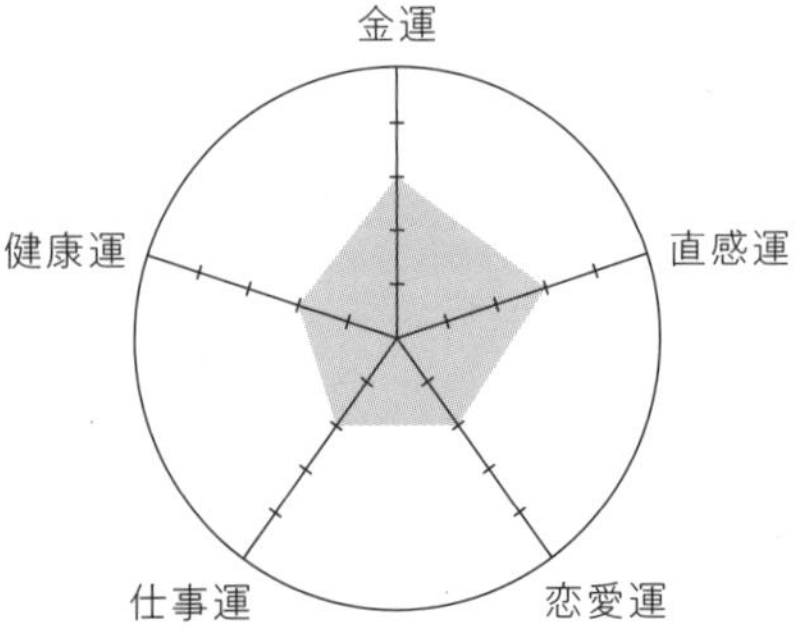

総合運 ★☆☆☆☆

エネルギー値

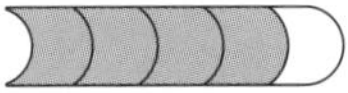

運命ナンバー19を表わすキーワード

気分屋　魔性　直感力

恋愛トラブル　波乱

お酒のトラブル

運命ナンバー**19**が持つ運勢

熱しやすく冷めやすい気分屋。波乱に富んだ人生を送る魔性タイプ

気持ちのアップダウンが激しくなる数字。熱しやすく冷めやすい性格のせいで、物事が長続きしません。生まれ持ったカンのよさから大きな成功を手にする可能性もありますが、飽きっぽいため、一時的なものに終わりがちです。

特にトラブルが起きやすいのはお酒の席。ハメを外して大騒ぎしたり、しつこく相手に絡《から》んだり、突然泣きだしたり……何かと周りに迷惑をかけるタイプ。

また、恋愛面でも振り回されやすく、知らない間に三角関係に陥っていたり、お金目当ての相手に弄《もてあそ》ばれるなどのトラブルにあうことも。これはある意味、魔性キャラのせい。自分とお酒の量をコントロールできるようになれば、ひと花咲かせることもできます。

運命ナンバー19の開運をサポートする数と色

サポートナンバー

7 男性

18 女性

浮き沈みの激しい性格、気まぐれな言動は波乱のもと。男性は、強い意志と冷静さを与えてくれる「7」、女性はコツコツと努力する真面目さを補ったり、恋愛面での安定をもたらしてくれる「18」の力をチャージして。ひとつのことに打ち込む気力が芽生え、チャンスを存分に生かせるようになります。

サポートカラー

ホワイト、ブルー

お酒と異性に振り回されがちなあなたのイメージカラーはピンク。夕方以降は、できるだけ使わないほうがいいでしょう。取り入れてほしいのは、無心の境地と安らぎをくれるホワイト、そして落ち着きや冷静さをもたらしてくれるブルー。物事に根気よく取り組めるようになり、トラブル回避に役立ちます。

シウマから開運へと導くメッセージ

「お酒と恋愛トラブルにはご用心!」

Destiny numbers

運命ナンバー

20

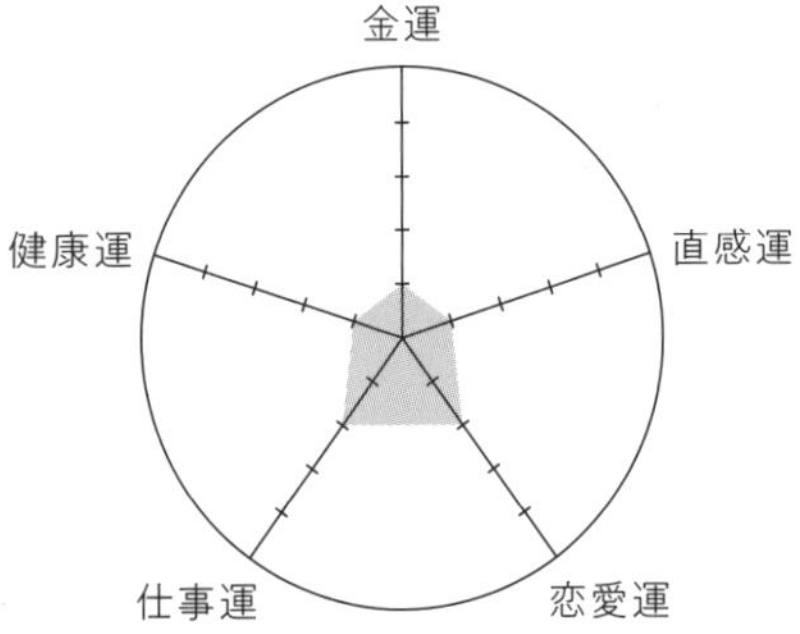

総合運 ★☆☆☆☆

エネルギー値

運命ナンバー20を表わすキーワード

病弱　挫折　自暴自棄

ツキが弱い　地道な努力家

金銭トラブル

運命ナンバー20が持つ運勢

健康面のトラブルも多く、投げやりになることも

体力がないうえに病弱。健康面の悩みが多くなる数字。ここぞというときに粘りきれないだけでなく、本番直前にケガをして試合に出られないといった不運にも見舞われやすく、本当の力をイマイチ出しきれません。

また、無計画にお金を使ってしまったり、何度も詐欺にあうなど、お金との縁が薄く、経済的な悩みも尽きません。そのため自暴自棄《じぼうじき》になり、トラブルを引き起こすことも。本人の意思に関係なく、なぜか深刻なトラブルに巻き込まれるようなこともしばしば。

とはいえ、地道にコツコツと積み上げることは得意なため、体調管理に気をつければ、与えられた課題をきっちりこなしていけるはずです。

運命ナンバー20の開運をサポートする数と色

サポートナンバー

32 男性

17 女性

真面目に生きているのに、なぜかツキに見放される……そんな悲しい日々と決別するには、男性はチャンスを呼び込む「32」、女性は人間的な魅力を高め、体を丈夫にしてくれる「17」を身近に置いて。運気が爆上がりし、発展が望めるように。あわせて食事や運動で実際の体力をつければ万全です。

サポートカラー

レッド、ターコイズブルー

体力とツキのなさからアンラッキーが続く人生は、グレーのイメージ。負の連鎖から抜け出すには、やる気や活力をチャージできるレッド、積極性が生まれるターコイズブルー、この2つの力を借りて、心と体の両面を強化して。悪を寄せつけない体質、チャンスをムダにしない勝負強さが身につきます。

シウマから開運へと導くメッセージ

「まずは心と体の健康管理から！」

Destiny numbers

運命ナンバー

吉数

21

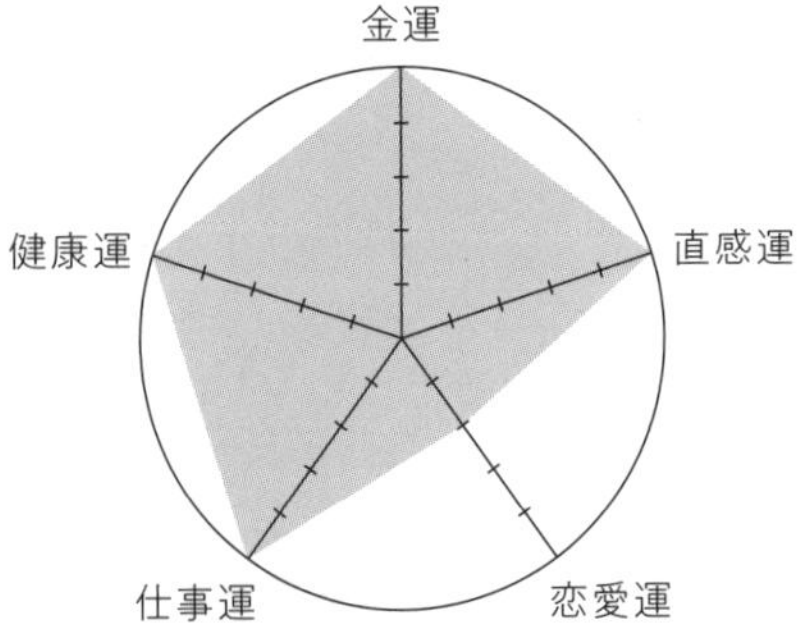

総合運 ★★★★★

エネルギー値 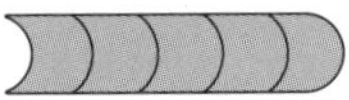

運命ナンバー 21 を表わすキーワード

実力発揮　才能開花

キャリア志向　起業

経済力　センス　モテる

運命ナンバー21が持つ運勢

生まれ持った能力とセンスで、理想のライフスタイルを実現！

持てる能力を存分に発揮できる数字。強いキャリア志向でバリバリと仕事をこなし、男女ともに組織のトップに昇りつめます。起業して成功する人も多数。時代を感じ取るセンスに優れているので、ＩＴ系など最先端分野《さいせんたんぶんや》でより活躍できるでしょう。また、流行を自分流にアレンジするなど、自己プロデュースが得意。仕事ぶりともども、社会から高い評価を得るでしょう。理想とする生活水準が高めで、その実現と維持は仕事のモチベーションに。

異性を惹《ひ》きつける魅力も大。男性は〝モテ〟が仕事の活力になりますが、女性は恋愛より仕事を優先しがち。あなたを気遣ってくれる、身近な人からの好意に目を向けるなど、ご縁を大切にしてもいいかもしれません。

運命ナンバー21の開運をサポートする数と色

サポートナンバー

23 男性

6 女性

今のあなたが求めているのは、さらなる高み。男性はオリジナリティある発想力と実行力が増す「23」、女性は先祖からのご加護が得られたり、思わぬチャンスが舞い込む「6」をお守り代わりに、身近なところに活用して。ステップアップはもちろん、新たな分野での活躍も期待できるでしょう。

サポートカラー

ブルー

計画的に物事を進め、キャリアを重ねるライフスタイルは、ブルーのイメージ。さらなる高みに昇る秘訣《ひけつ》は、そのブルーのエネルギーを強化すること。注目度が高くなっても、落ち着きと冷静さが保たれ、よからぬ誘惑に負けることなく、今まで以上の実力を発揮していけるはずです。

シウマから開運へと導くメッセージ

「あなたを想う人の気持ちも考えましょう」

Destiny numbers

運命ナンバー

22

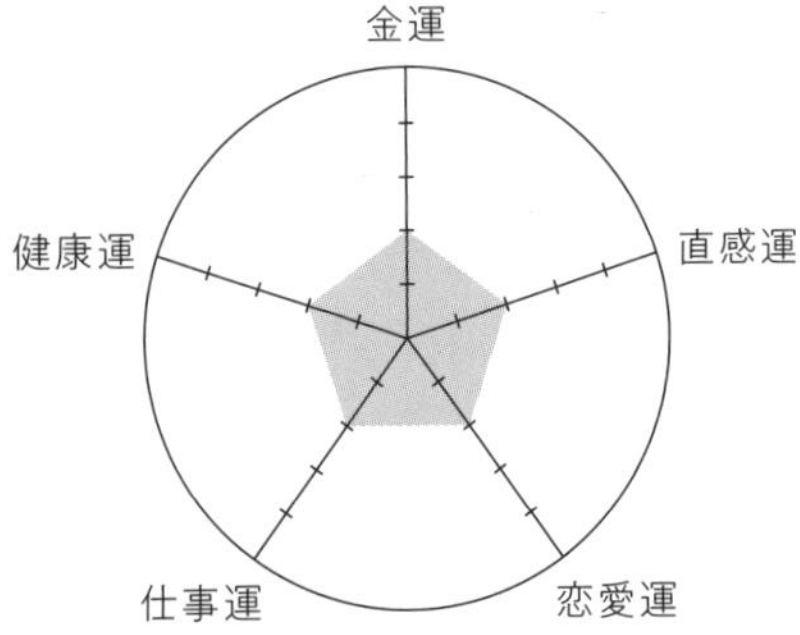

総合運 ★★☆☆☆

エネルギー値

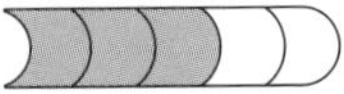

運命ナンバー22を表わすキーワード

見栄っ張り　**逆ギレ**　**短気**

挫折　**不平不満**

大逆転の可能性

運命ナンバー**22**が持つ運勢

小さなウソのせいで信頼を得にくい。「我慢強く粘れるか」が鍵

見栄っ張りになりやすい数字。自分をよく見せるために話を盛ったり、欠点を隠すために小さなウソを重ねたり……。その場はしのげますが、やがてウソがバレて大問題になったり、信頼を失ったりして評価はガタ落ち。さらには、ウソが多い分、肝心なところで強く出られないという弱みも。また、短気な性格で、思い通りにいかないと投げ出してしまうことも多数。物事がうまく運びにくいため、不平不満をこぼしがちで、人間関係がギクシャクしやすくなるでしょう。

面倒くさがりで、すぐ諦めがちな人ですが、我慢強く粘りさえすれば、大きなことを達成する力を秘めています。「奇跡を起こすも起こさないも自分次第」。それを忘れないでください。

運命ナンバー22の開運をサポートする数と色

サポートナンバー

8 男性

35 女性

「見栄っ張りで口先だけの人」という汚名返上《おめいへんじょう》の道は、粘り強く頑張ること。男性は地道な努力を続ける力と物事をやり遂げる力が備わる「8」、女性は困難をうまく乗り越える力を持つ「35」を味方につけて。母性と辛抱強さが身につき、ハッピーエンドの“大どんでん返し”が可能になるでしょう。

サポートカラー

マゼンタ

我が身かわいさにウソを重ねる身勝手さは、ブルーのマイナス面のイメージ。どう考えても優しさや思いやりが足りません。補うべきは、温かさを与えてくれるマゼンタの力。身の回りに多用すれば優しさが生まれ、周囲との関係が好転します。いずれ、ついウソをついてしまうクセや逆ギレもなくなるように。

シウマから開運へと導くメッセージ

「じっくりと粘れれば、
奇跡を起こせる人です」

Destiny numbers

運命ナンバー

吉数

23

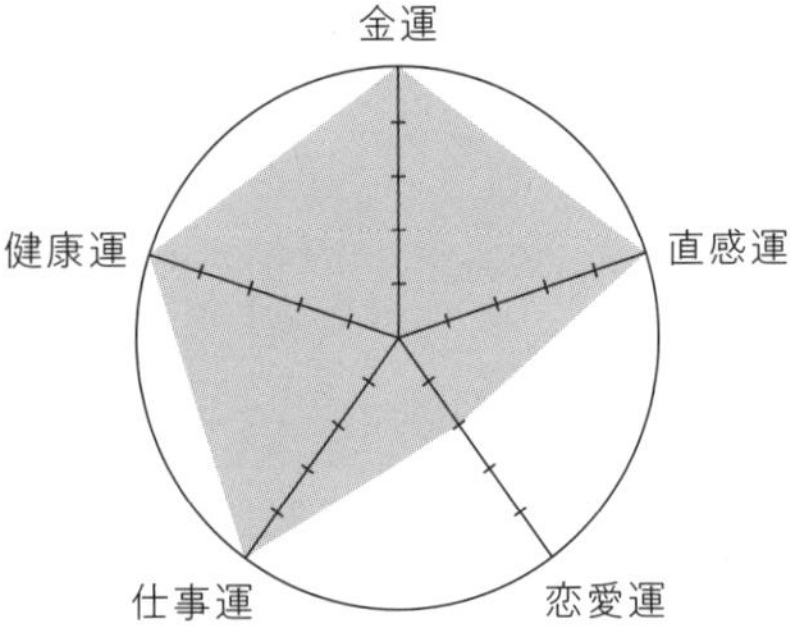

総合運 ★★★★★

エネルギー値

運命ナンバー23を表わすキーワード

冒険心　話術　コミュ力

臨機応変　実行力

知能　非凡な発想

運命ナンバー**23**が持つ運勢

発想力豊かなアイデアマン。コミュ力の高さで人を惹きつける

オリジナリティある発想ができる数字。尽きることのない非凡なアイデアと抜群の実行力で成功をつかみます。イザという場面に強く、追い込まれるといつも以上の能力を発揮。ピンチをチャンスに変える人でもあります。頭の回転の速さと独特のボキャブラリーで人を引き込むのも上手。営業職に就《つ》いたなら、あっという間に一番の成績を挙げるでしょう。

また、遊び心があってサプライズ好き。エンターテイナーなあなたは、周囲を盛り上げて楽しませます。コミュ力はまさにナンバーワン！　そのため、たとえ多忙であっても、良好な人間関係を築き、恋愛面も充実。ただし、女性は仕事が好調になると、恋愛がおろそかになってしまうかも。

運命ナンバー23の開運をサポートする数と色

サポートナンバー

1 男性

32 女性

アイデアを形にする実行力に優れた人ですが、まだまだスピードアップが可能です。男性は、並外れた処理能力でトップに立つ力をくれる「1」の活用を。女性は仕事での成功に加え、恋のチャンスも増える「32」を身近なところに。すべてにおいて大充実、順風満帆《じゅんぷうまんぱん》な人生が送れるでしょう。

サポートカラー

バイオレット

発想と気持ちの切り換えが早く、物事に臨機応変《りんきおうへん》に対処する才能を持つあなたは、レインボーカラーのイメージ。その能力をより一層高めるには、変化に対する強さと直感力が身につくバイオレットを取り入れて。今以上に活動的になり、周囲からの評価がぐっとアップ。理想が実現する日が早まります。

シウマから開運へと導くメッセージ

「言葉の力を
味方につけて!」

Destiny numbers

運命ナンバー

五大吉数

24

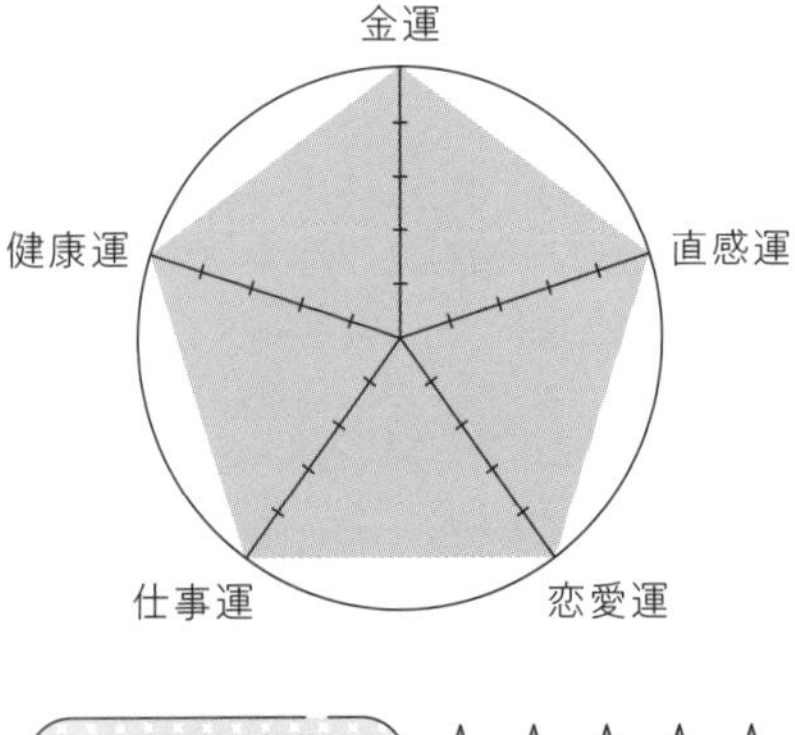

総合運 ★★★★★

エネルギー値 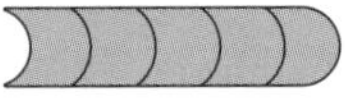

運命ナンバー24を表わすキーワード

財運　健康　直感力
モテる　成功　玉の輿
セレブリティ

運命ナンバー**24**が持つ運勢

財運の高さはナンバーワン！容姿もよく、恋のチャンスも多い

信じられないほどの金運に恵まれ、大金を手にする数字。直感に優れ、無から有を生む力があり、何気なく手がけたことが大当たりすることもあれば、持って生まれたお金をつかむ力で、宝くじに当たることも。また、容姿にも恵まれ、どこに行ってもモテモテで、恋のチャンスは星の数ほど。お金持ちに見初《みそ》められるなど、玉の輿に乗る人も多いでしょう。美術品や宝石など、高価なものに囲まれた生活を送ります。体も丈夫でいつも健康。何の心配もない人生です。

ただ、お金に対する執着が生まれると、損得感情が優先され、人づき合いにも影響が。人間の価値を決めるのはお金だけではないことを、心に留めておきましょう。

運命ナンバー24の開運をサポートする数と色

サポートナンバー

15 男性

31 女性

大金を手にしたあなたには、下心ある人が寄りつく可能性も。人間関係には注意が必要です。男性は人徳をもたらす「15」、女性は周囲からの人気が高まる「31」を身近なところに置くと、悪い虫が寄りつかなくなるでしょう。また、人望が備わり、誰もがあなたの成功や繁栄をたたえるようにも。

サポートカラー

バイオレット

どこまでもお金と縁の深いあなたの人生は、光り輝くゴールドのイメージそのもの。優雅な暮らしぶりはまばゆいばかりです。補うべきは、癒やしの魅力をもたらすバイオレット。やっかみを買うことなく、周囲との関係がスムーズに。お金への妙な執着もなくなり、平和で幸せな毎日が送れるでしょう。

シウマから開運へと導くメッセージ

「すべての運が揃っています！」

Destiny numbers

運命ナンバー

吉数

25

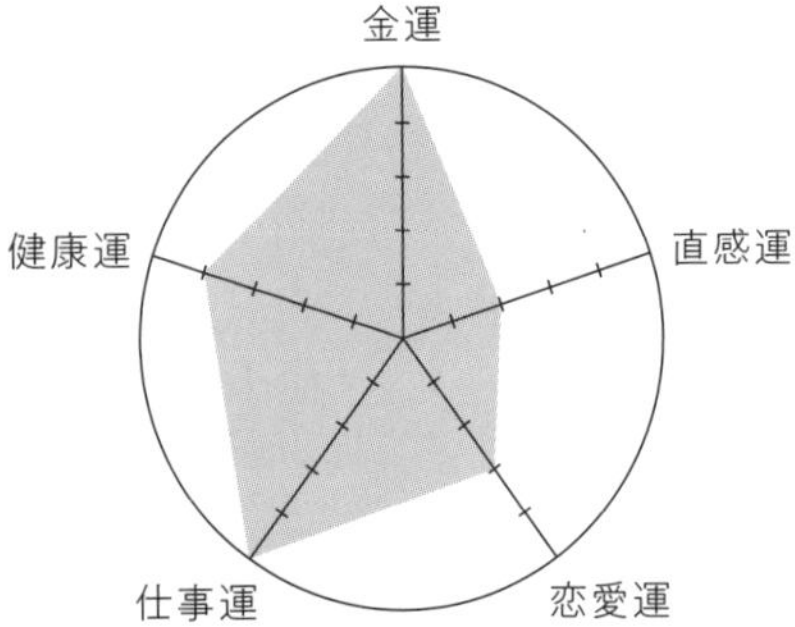

総合運 ★★★★☆

エネルギー値

運命ナンバー25を表わすキーワード

頭脳明晰　記憶力　計画性

理論派　エリート意識

理屈っぽい

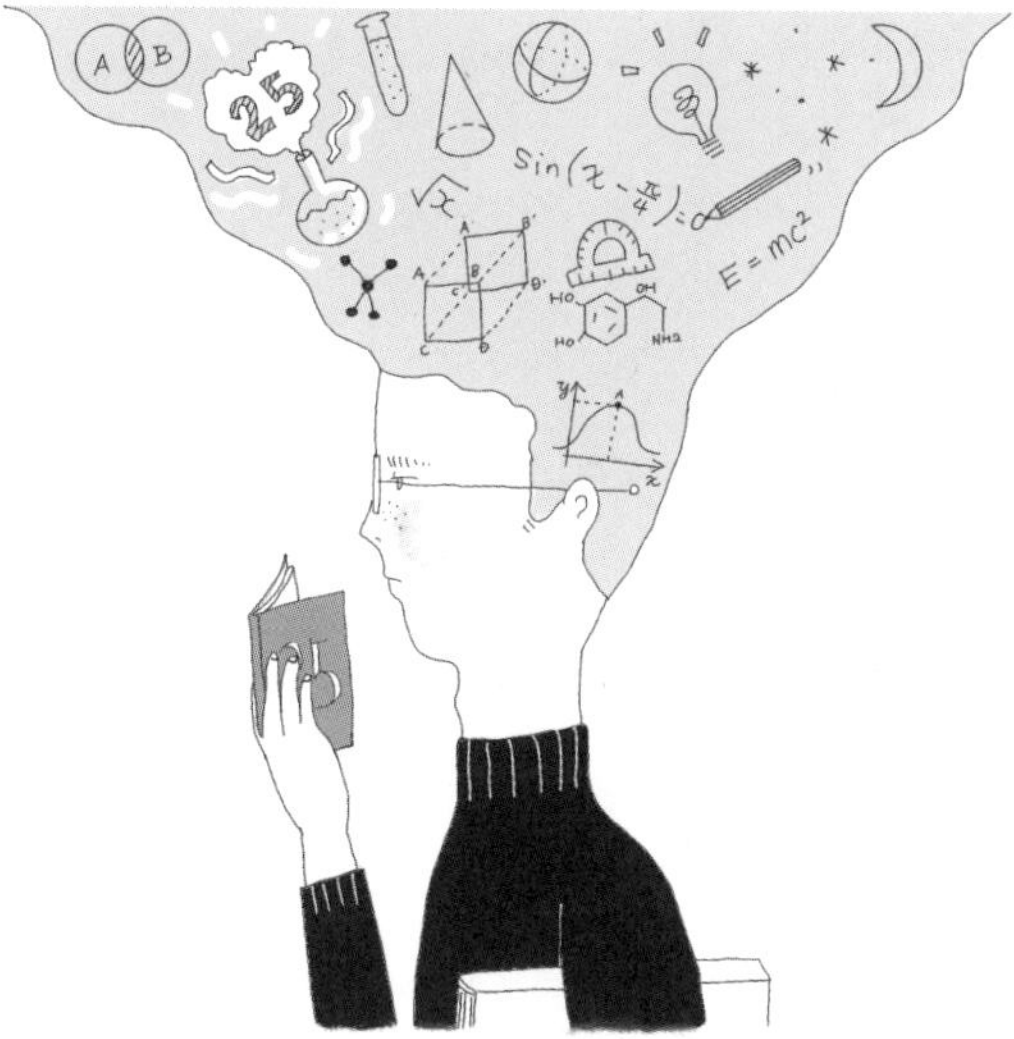

運命ナンバー25が持つ運勢

頭のよさはピカイチ！理屈で生きるクールなエリート

明晰《めいせき》な頭脳で自分を分析し、持てる才能を開花させる数字。記憶力に優れ、試験は得意中の得意。物事をどう進めると有利かを綿密にシミュレーションし、安全で確実な道を選択します。〝知らない〟ことを何よりも恥じる勉強熱心なタイプで、努力と根性で難関を突破する力を十分に備えています。高学歴に加え難易度の高い資格を獲得し、エリート街道をひた走ります。また、時間とお金の管理も上手で、ムダのない人生を歩むでしょう。

いわゆる〝切れ者〟ですが、何事も理屈で捉えすぎて物事を複雑にしてしまう面も。目に見えないもの、説明できないものなどの存在を認めてみることも大切です。

運命ナンバー25の開運をサポートする数と色

サポートナンバー

16 男性

13 女性

エリート意識があり、上昇志向が強いあなた。目標達成の助けとなるなら、目に見えない数字の力でも信じてみたくなったのでは。男性は信念を強め、神仏の守りも得られる「16」を身近に。女性は、「13」で明るさやさわやかな笑顔の魅力を高めると◎。実行するかどうかは、あなた次第です。

サポートカラー

パステルピンク

どんなときも冷静でクール。思いやりに欠けることもあるあなたのイメージは、ブルーそのもの。世界を広げるためには、優しさや柔軟性を補う必要がありそうです。エネルギーをくれるのは、パステルピンク。身につけるのに抵抗があるなら、外からは見えない部分や小物類で取り入れるといいでしょう。

シウマから開運へと導くメッセージ

「世の中は、
意外にシンプルです！」

Destiny numbers

運命ナンバー

26

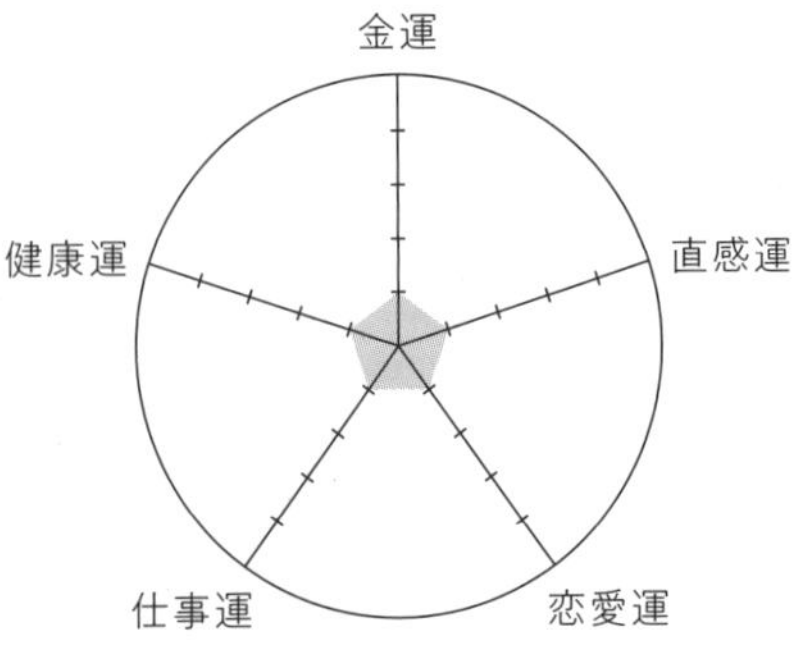

総合運 ★☆☆☆☆

エネルギー値

運命ナンバー26を表わすキーワード

混乱　誤解　優柔不断

自信過剰　家族問題

挫折　トラブルメーカー

運命ナンバー**26**が持つ運勢

ブレや迷いで周囲は大混乱。家族の問題も悩みのタネに

迷いが多く、混乱を招きやすい数字。考え方にブレがあり、判断や結論がコロコロ変わるため、「優柔不断な人」というレッテルを貼られてしまいます。

また、物事をありのまま見られない傾向があり、自分を過大評価し、ビッグマウスになりがち。失敗してもとりつくろうのがうまいので、上司から実力以上の仕事を任されて周囲を混乱に巻き込むことも……。それだけでなく、身内に足を引っ張られることもしばしば。進学や就職、恋愛などの大事な場面で家族の理解が得られず、立ち行かなくなりそうです。

トラブルが多い人生ですが、目に見えない力は敏感に捉えられるようです。おかげで身の危険はどうにか回避できるでしょう。

運命ナンバー26の開運をサポートする数と色

サポートナンバー

11 男性

8 女性

開運の第一歩は、現状の打破。男性は、天からの恵みで幸運が舞い込む「11」の力を借りましょう。物事を先読みする力も身につき、トラブルを未然に防げるようになるはず。女性は安定をもたらす「8」を身近に置いて。前向きに頑張る気持ちも芽生え、ここ一番の場面で粘れるように。

サポートカラー

ラベンダー

混乱という沼で溺《おぼ》れそうになっているあなたのイメージはグレー。しかもグルグルの渦《うず》巻《ま》き状になっているようです。ここに飲み込まれるのを救ってくれるのは、ラベンダーの力。気持ちが落ち着き、冷静な判断ができるように。思考のブレがなくなれば、トラブル体質も解消に向かうでしょう。

シウマから開運へと導くメッセージ

「まずは落ち着いてみましょう」

Destiny numbers

運命ナンバー

27

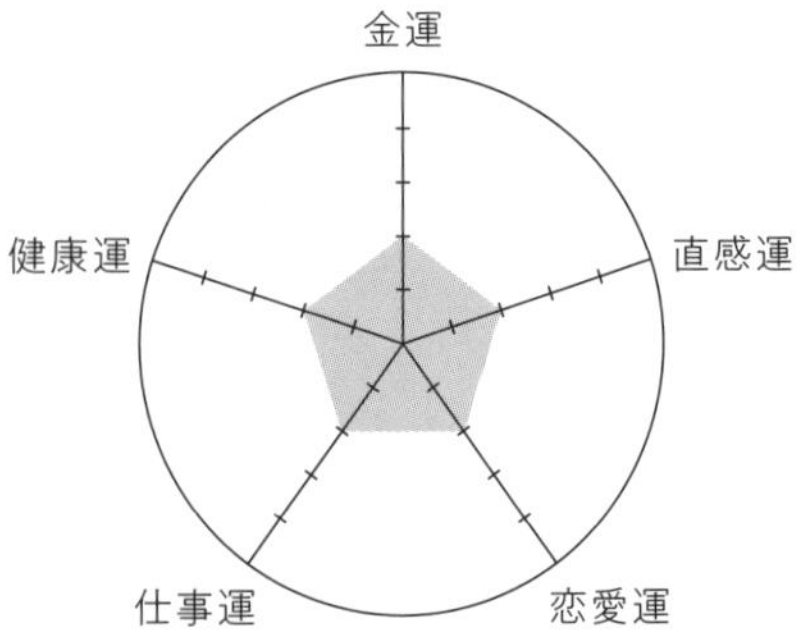

総合運 ★★☆☆☆

エネルギー値 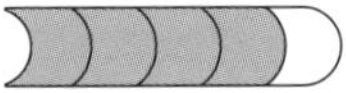

運命ナンバー27を表わすキーワード

切れ者　冷淡　短気

お金にシビア　マイペース

批評家　孤独

運命ナンバー27が持つ運勢

切れ者だけど短気でマイペース。厳しさがお金に向かうと◎

いろんな意味で〝キレる〟数字。頭の回転が速く、素早い判断で仕事をこなす〝切れ者〟として一目置かれます。しかし、協調性に欠け、言動はいたってマイペース。イエス・ノーをハッキリ言ったり、人の話をさえぎったり……空気を読むことなく、会話をバサバサと〝切って〟いくことがしばしば。

また、些細《ささい》なことで〝キレたり〟、簡単に友人を見切るため、人間関係は常にギクシャク。友人は少なめです。それを孤高と捉えているのかもしれませんが、孤独とは紙一重。生涯、ひとりで生きていくことを貫《つらぬ》く人もいるかもしれません。

そのシビアな性格は、貯蓄面ではプラスに働きます。衝動買いやムダな買い物をしないため、お金は確実に貯まるでしょう。

運命ナンバー27の開運をサポートする数と色

サポートナンバー

18 男性

35 女性

ひとりの時間を楽しむことと、ひとりぼっちを混同してはいけません。生涯孤独にならないためには、男性は、家族を愛し守る力が補われる「18」、女性は、母性本能が高まり、人脈や家庭運が強化される「35」を身近に置いて。温かい家庭を手に入れることで、協調性も育まれていくはずです。

サポートカラー

マゼンタ

冷静を通り越し、冷淡と言ったほうがいいクールな性格は、闇のようなブルーのイメージ。言動に温かさを加える必要がありそうです。そんなあなたに取り入れてほしいのは、愛情を発する色であるマゼンタ。思いやりの気持ちが芽生え、身近な人に優しく接することができるようになるでしょう。

シウマから開運へと導くメッセージ

「短気は損気。
人に優しく！」

Destiny numbers

運命ナンバー

28

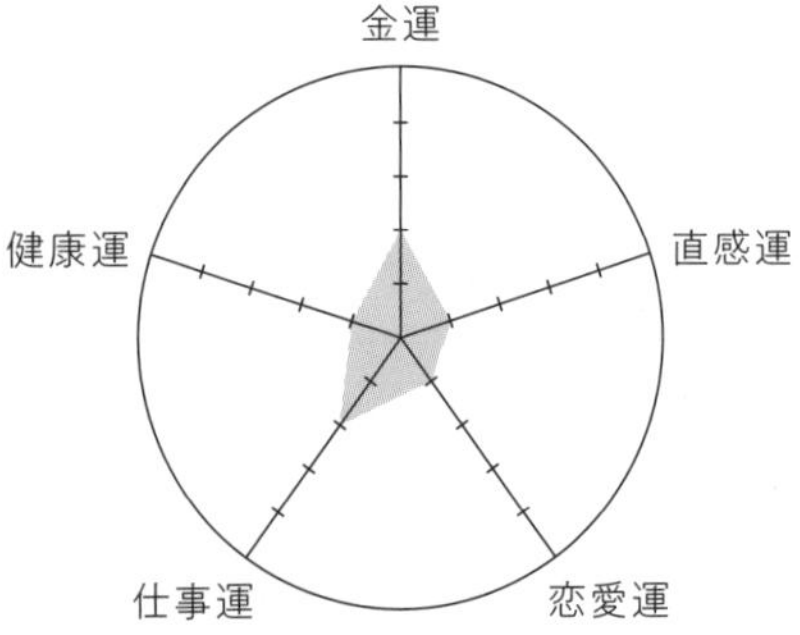

総合運 ★☆☆☆☆

エネルギー値

運命ナンバー28を表わすキーワード

家庭内トラブル　不安定

別離　停滞

体調不良　努力家

運命ナンバー **28** が持つ運勢

家族に起きたトラブルに振り回されがち。体調管理がツキを呼ぶ

不運に見舞われやすい数字。特に家族、恋人や友人など、身内に起きたトラブルに振り回されがち。大切な人との仲違《なかたが》いなど、人間関係も安定しにくい状態です。

また、体力のなさから行動的になりにくく、物事が停滞気味《ていたいぎみ》。いざというときに体調を崩《くず》してチャンスを逃すこともしばしば。手術が必要なケガや病気の心配も少なくありません。そんな自分に自信が持てず、何事も早々に諦めがち。結婚が長続きしにくいのもこの数字の特徴です。

ただ、本来は努力家の数字。体調管理に十分気をつければ、与えられた仕事はきちんとこなせるので、体力的に負担の少ない職種を選ぶことが大切です。

運命ナンバー28の開運をサポートする数と色

サポートナンバー

33 男性

18 女性

今のあなたには、体調管理が開運の鍵。タフなエネルギーを持つ数字がサプリ代わりに。男性は、ダイナミックさや目標に向かって努力するパワーが養われる「33」、女性は、体中に元気がみなぎり、家族との関係を修復する力を持つ「18」を身近なところに。前向きな気持ちが育っていくでしょう。

サポートカラー

マゼンタ

体力のなさから元気が出ず、自信を持って行動できないあなた。その無気力さは、グリーンが持つマイナス面のひとつです。今、補うべきはマゼンタのエネルギー。勇気がチャージされ、不運が続いても前向きに生きる力が湧き上がってくるでしょう。優しさも育まれ、人間関係も好転するはず。

シウマから開運へと導くメッセージ

「体の声に耳を澄まそう」

Destiny numbers

運命ナンバー

吉数

29

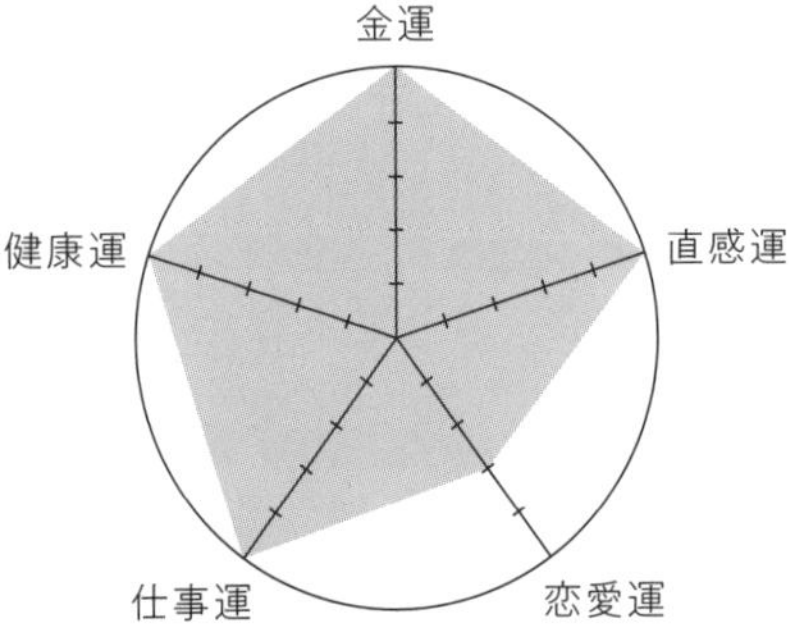

総合運 ★★★★★

エネルギー値 [5/5]

運命ナンバー29を表わすキーワード

権力　**財力**　**名声**

勝負運　**積極的**

セレブリティ　**プライド**

運命ナンバー**29**が持つ運勢

人生、すべて思い通り！王様＆女王様として君臨

時代の流れを敏感に感じ取り、地位、名誉、お金をほしいままにする数字。原動力となっているのは、旺盛《おうせい》な向上心と知的好奇心。そして、狙ったものをつかみにいくワイルドな行動力。勝負運の強さを武器に、素人レベルからその道の権威になる人も。トップの座に立った後も、攻めの姿勢は変わりません。仕事や趣味に没頭し、経済的、精神的な充実を得ていくでしょう。

また、非現実的な物事は信じないタイプですが、第六感に優れ、獲物をかぎ分ける力があるのも特徴です。

ただ、成功するにつれ高飛車《たかびしゃ》な態度が目立つように。調子に乗りすぎると、思わぬ穴に落ちてしまうので注意しましょう。

運命ナンバー29の開運をサポートする数と色

サポートナンバー

31 男性

24 女性

あらゆる能力に優れていて、成功をつかむあなたの生き方は、尊敬される反面、嫉妬されることもしばしば。男性は、味方が増える「31」を活用し、サポート運を強化。女性は、魅力が増し、恋のチャンスをもたらす「24」を身近なところに。人望や愛情が得られれば怖いものなし。

サポートカラー

ラベンダー

王様、女王様的な存在感を放ち、常に“最高”を求める姿勢は、ゴールドのイメージ。ただし富と権力に固執して、人望を失わないよう注意が必要です。補うべきはラベンダーのエネルギー。柔らかな物腰や思いやりある言動が増え、親しみやすさがさらにアップ。低調気味の恋愛運の上昇も期待できます。

シウマから開運へと導くメッセージ

「人を見下してはいけません」

Destiny numbers

運命ナンバー

30

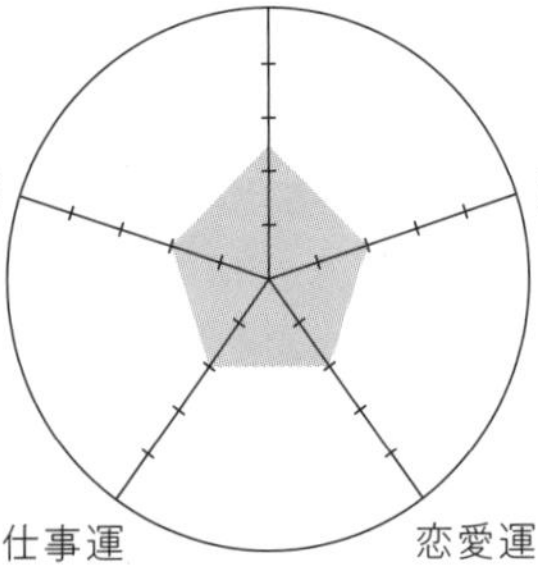

総合運 ★★☆☆☆

エネルギー値

運命ナンバー30を表わすキーワード

一時的な成功　バブル

ギャンブル　大穴

危なっかしさ　お調子者

運命ナンバー**30**が持つ運勢

億万長者か一文無しか!? 根っからのギャンブラー体質

浮き沈みの激しい人生になる数学。明るくノリはいいのですが、無計画な行動が多く、危なっかしいこと、このうえなし。株やギャンブルで大儲けして巨万の富を手に入れる可能性を秘めていますが、その勢いは長続きしません。

生まれながらのギャンブラー気質のせいで、せっかくつかんだ大金を一瞬にして失ってしまう可能性も。運用するにしても、よほど堅実かつ慎重にならない限り、失敗は避けられないでしょう。恋愛などでも、大失恋の後ほど「次こそは!」とムキになり、手の届くはずのない相手を狙って、さらなる痛手を負ったりしますが、懲《こ》りることがありません。ただ、一攫千金の才能はあるので、うまくやれば大金持ちにも。成功後は、リスクマネージメントあるのみです。

運命ナンバー30の開運をサポートする数と色

サポートナンバー

25 男性

31 女性

成功が長続きせず、一発屋に終わりがちなあなた。大金を手にしたなら、その運用を誤らないことが重要です。男性は、才能が存分に発揮でき、また計画性も備わる「25」を。女性は、信頼できる仲間に囲まれる「31」を身近なところに。危険な賭けに出ようとすると仲間が止めてくれるでしょう。

サポートカラー

ブルー

大きく勝つ勝負強さは、レッドのプラス面、頭に血がのぼってペース配分を間違う点は、レッドのマイナス面。振り幅の大きさを調整するには、冷静な判断力を与えてくれるブルーの活用が有効。特に失敗を重ね、「今度こそ!」とムキになっているときに身につけると、痛い目にあわずに済むように。

シウマから開運へと導くメッセージ

「勝っても調子に乗りすぎないで」

Destiny numbers

運命ナンバー

五大吉数

31

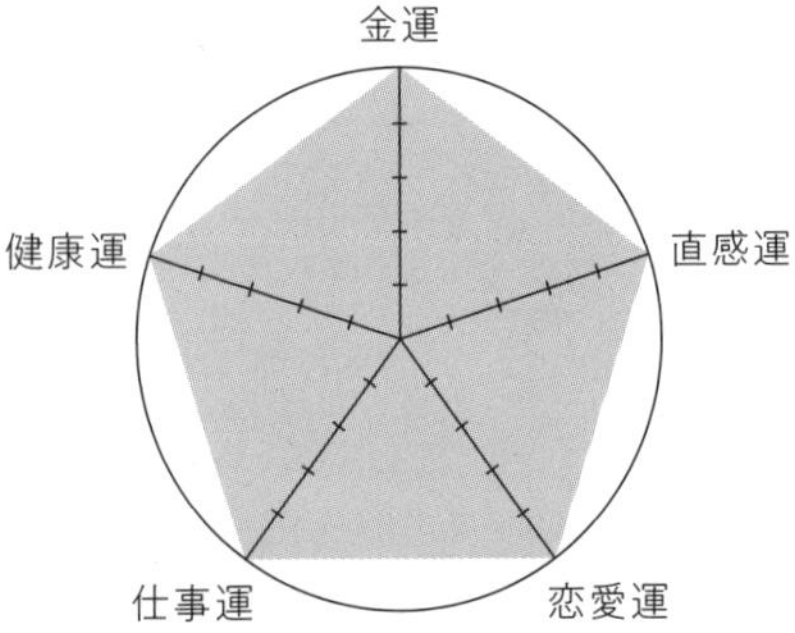

総合運 ☆☆☆☆☆

エネルギー値

運命ナンバー 31 を表わすキーワード

ツキ　**才能**　**バランス感覚**

繁栄　**頭脳明晰**

統率力　**気立てのよさ**

運命ナンバー31が持つ運勢

ツキに恵まれ、すべてが絶好調！悩みと縁のない幸せな人生

さまざまなツキに恵まれる大吉数。気立てがよいうえに頭脳明晰。状況に応じて素早く視点や発想を変える才能があり、どこに行っても一目置かれる存在に。皆をまとめて引っ張っていく力もあるので、頼もしいリーダーとして活躍。人望を集め、周囲の皆に慕われるでしょう。

恋愛対象としての魅力も十分で、好きになった人とは、すぐに相思《そうし》相愛《そうあい》になるでしょう。相手の運気を上げる力があるので、ともに成長する理想的なカップルといわれること間違いなしです。

また、バランス感覚に優れていて、男女とも仕事と家庭を見事に両立。結婚後は、末永く幸せな家庭を築くはずです。

運命ナンバー31の開運をサポートする数と色

サポートナンバー

23 男性

24 女性

悩みとは無縁の素晴らしい運気の持ち主なので、今のままでも十分ですが、バックアップとして使うなら、男性はコミュ力をアップさせてくれる「23」、女性は金運などのさまざまな運気を底上げしてくれる「24」がオススメ。人生の節目など、環境が変わる際に活用しましょう。

サポートカラー

グリーン

優しさにあふれ、周囲の気持ちや、親しい人の運気を上げる力を持ったあなたのイメージはマゼンタ。いつもパワフルで活気に満ちた人ですが、人のお世話に疲れたときは、グリーンの力を借りて。心身が癒やされ、平和を取り戻すことができるでしょう。周囲との調和を図りたいときにも有効です。

シウマから開運へと導くメッセージ

「言うことなしです！」

Destiny numbers

運命ナンバー

五大吉数

32

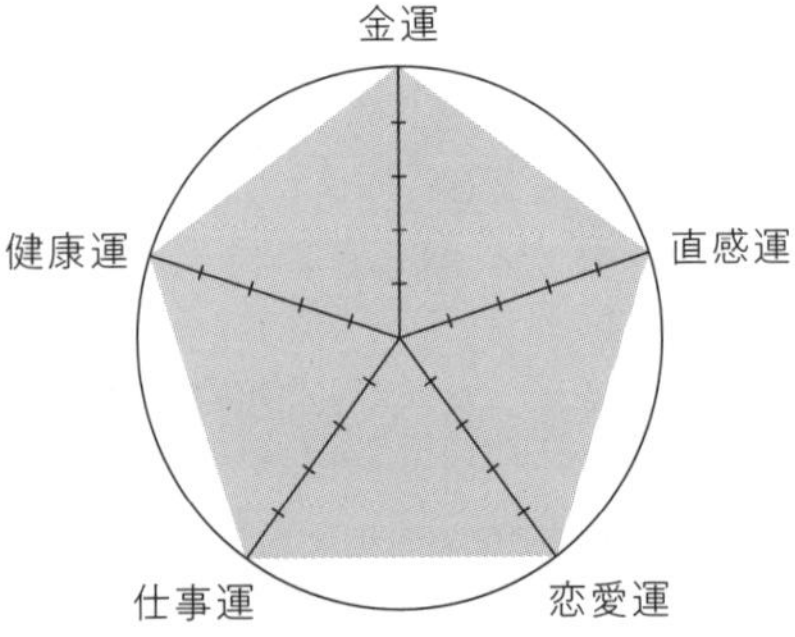

総合運 ☆☆☆☆☆

エネルギー値

運命ナンバー32を表わすキーワード

チャンス　引きが強い

発展　出会い

幸運の連鎖　ドラマティック

運命ナンバー32が持つ運勢

大きなチャンスが次々と！くじも出会いも大当たり

さまざまなチャンスが舞い込む数字。幸運をひとつキャッチすると、次から次にラッキーなことが。ある日、風に乗ってやってきた幸運が次の幸運を呼び、発展がさらなる発展を生む……そんなイメージの大吉数です。

特にくじ運が強く、宝くじなどで大金を引き当てることも多いでしょう。また、ドラマティックな出会いも期待できます。初恋のようにときめく恋に出会うこともあれば、仕事の発展につながる大人物と出会うことも。それは、思いもよらないタイミングで、突然やってくるでしょう。

チャンスは途切れることなくやってきますが、決して驕《おご》ってはいけません。それらの幸運は、日頃の地道な努力あってこそ、と心に留めておきましょう。

運命ナンバー32の開運をサポートする数と色

サポートナンバー

17 男性

7 女性

“出会い”は、あなたの開運のキーワードのひとつ。その質を高めれば、一層の充実が望めそう。男性は、タレント性を高め、つかむ成功がスケールアップする「17」、女性は勇気や判断力が増し、チャンスをつかみとる力が強化される「7」を取り入れて。ワクワクすることが多い毎日を過ごせるはず。

サポートカラー

ゴールド

軽快で、親しみやすい存在感を持ち、楽しげにチャンスをつかむあなたのイメージカラーはオレンジ。しかも喜びでキラキラと輝いています。今の幸運を生かすには、ゴールドのエネルギーを取り入れて。お金はもちろん、健康にも恵まれ、ますます活動的に。ドラマティックな人生を満喫できるでしょう。

シウマから開運へと導くメッセージ

「幸運をひとつ、つかんだときがチャンスです」

Destiny numbers

運命ナンバー

吉数

33

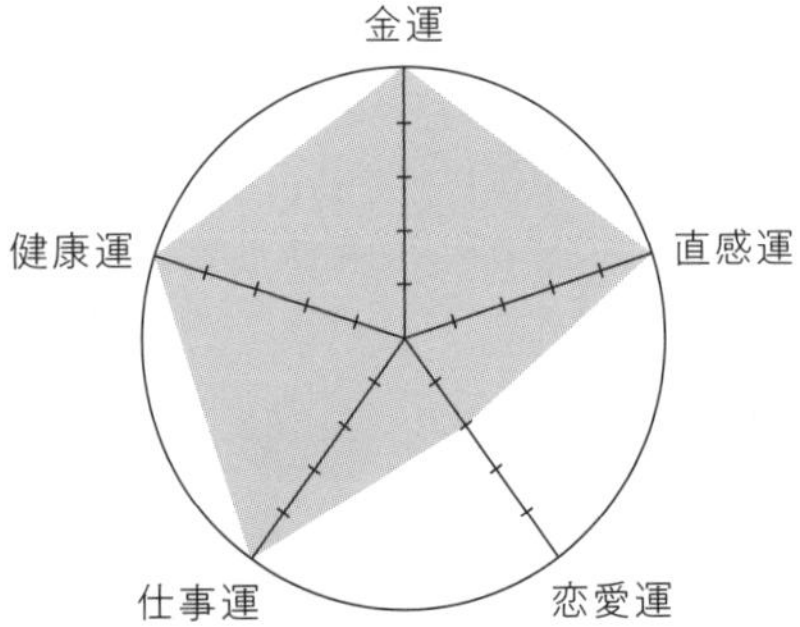

総合運 ★★★★★

エネルギー値

運命ナンバー33を表わすキーワード

個性的　ダイナミック

愛されキャラ　努力

悲願達成　頂点　カリスマ

運命ナンバー33が持つ運勢

好きなことに全力で取り組み、その道のトップに立つ人

独自のセンスを発揮できる数字。好きなことを仕事にするタイプで、夢に向かって突っ走ります。やるからには頂点を極めたいという思いが強く、目標達成のための努力は惜しみません。そうした生き方はとても力強く、圧倒的な情熱が周囲の共感を呼び、たくさんの応援を受けるでしょう。一挙手一投足《いっきょしゅいっとうそく》が目立つ人となって、スペシャリストとして極めたときには、カリスマ的存在に。親しみやすいキャラクターで成功後も多くの支持を集めます。

ただ、夢の実現が最優先事項で、恋愛は二の次になりがち。トップに立つまで、目の前に魅力的な人がいても見向きもしません。特に女性のほうにその傾向が強いようです。

運命ナンバー33の開運をサポートする数と色

サポートナンバー

6 男性

15 女性

その道のスペシャリストになるまで、他のことには意識が向かないあなた。偏りをなくすには、目標の早期達成が一番。男性は、神仏のご加護が得られる「6」、女性は人脈に加え、人間的魅力もアップする「15」を取り入れ、夢の実現を加速させましょう。心に余裕ができたなら、恋愛にも目を向けてみて。

サポートカラー

ターコイズブルー

目標達成のために激走するあなた。その強烈な存在感は、熱く燃える太陽の色、レッドのイメージです。暴走を防ぐには、ターコイズの力が有効。処理能力が高まってムダがなくなり、夢の実現が早まります。また親近感が増すので、トップに立った後の交友関係もぐっと広がり、その後の活動のプラスに。

シウマから開運へと導くメッセージ

「恋も仕事も楽しみましょう!」

Destiny numbers

運命ナンバー

34

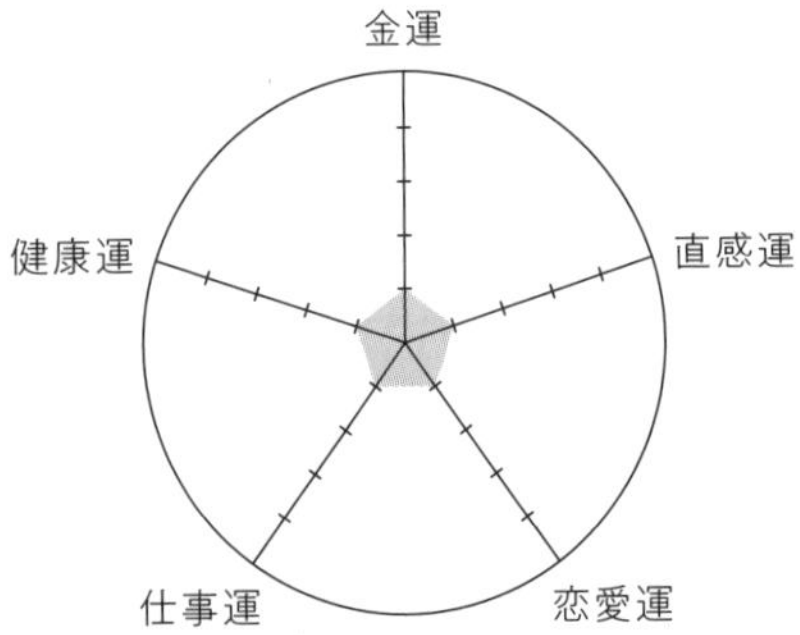

総合運 ★☆☆☆☆

エネルギー値

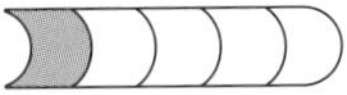

運命ナンバー34を表わすキーワード

不安定　体調不良　破壊

色気　恋愛トラブル

お酒の失敗

運命ナンバー**34**が持つ運勢

思いもよらない不運が押し寄せ、築いたモノが壊れることも

予期せぬ不幸を呼び込みやすい数字。日々、真面目に頑張っているのに、いつの間にか心の隙《すき》にトラブルがつけ込んでくる、という不運に見舞われがち。健康体だと思っていたら、病魔《びょうま》が潜んでいたり、信じていた友人に誤解されていたり……。予想外の展開がしばしば起きます。

特にお酒の席での失敗は気になるところ。目上の人に暴言を吐いたり、ケンカに巻き込まれるなどの危険があります。

最も気をつけるべきは、恋愛問題。妙な色気があり、多くの人を惹きつけますが、気づいたら不倫だった、三角関係にハマっていた、浮気されていた、モラハラを受けていた等々の問題が判明。穏やかな恋愛をするのは少し難しいようです。

運命ナンバー34の開運をサポートする数と色

サポートナンバー

32 男性

18 女性

今の運気を変えるには、健康管理とお酒の量に注意しつつ、足りないエネルギーを数字で補うことが急務です。男性は、ツキを呼び、繁栄をもたらす「32」、女性は、困難に打ち勝つタフさと安定した家庭運をもたらす「18」を身近なところに置きましょう。想定外のトラブルはぐっと減るはず。

サポートカラー

バイオレット、イエロー、ブルー

惹きつける相手は、なぜかトラブルメーカーばかり。恋愛問題に翻弄《ほんろう》されるあなたはピンクのイメージ。養いたいのは問題児を見分ける目。冷静な判断力はブルー、直感力はバイオレットで強化。さらにイエローで現実を直視する力をアップ。3色をバランスよく取り入れ、悪い虫をシャットアウトしましょう。

シウマから開運へと導くメッセージ

「お酒、恋愛、健康に要注意！」

Destiny numbers

運命ナンバー

吉数

35

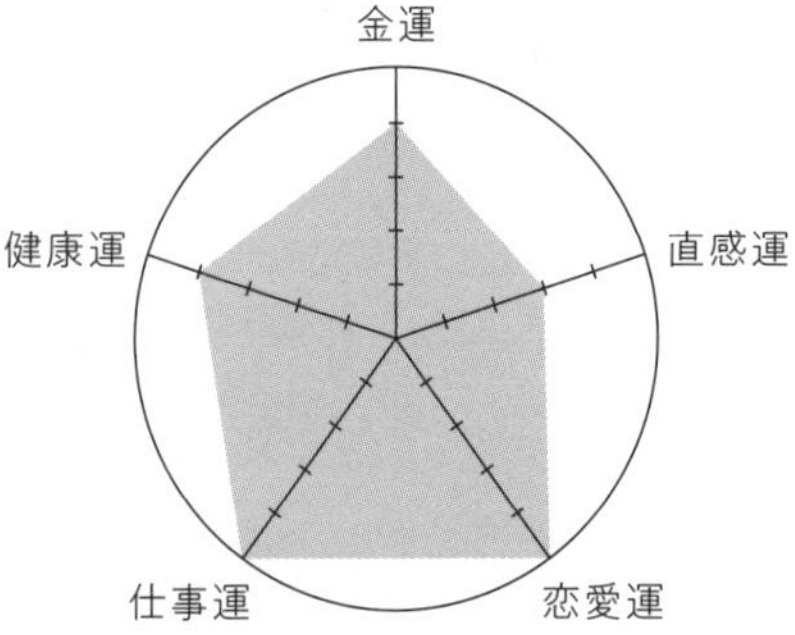

総合運 ★★★★☆

エネルギー値

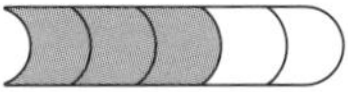

運命ナンバー35を表わすキーワード

優しさ　**母性的**

平和な家庭　**真面目**

器用　**アーティスト**

運命ナンバー35が持つ運勢

優しく温かな人柄で周りを魅了。尽くしすぎにご用心

優しさと愛があふれてくる数字。見返りを求めない母親的な愛情で身近な人々を包み込み、温かな人間関係を築きます。物事に誠実に取り組む真面目さも特徴のひとつ。細かいことによく気がつき、さりげなくフォローするのも得意です。

また、手先が器用で、絵画をはじめとした技芸、料理などの才能があり、アーティスト、または優秀な職人として専門分野で成功する人も多いでしょう。

恋愛でも、相手が喜んでくれることに幸せを感じるタイプ。決して多くを望まず、穏やかな関係を育もうとします。

ただ、尽くしすぎて相手をつけあがらせる可能性が。愛情の与えすぎには要注意です。

運命ナンバー35の開運をサポートする数と色

サポートナンバー

16 男性

17 女性

手先が器用でその腕前に優れたあなた。しかし、その道で活躍できるのは、ほんの一握り。競争の激しい世界です。男性は、神仏の守りが得られ、組織のトップを目指せる「16」、女性は、タレント性と独立心を高め、トップへと導く「17」を身近なところに。成功を力強くサポートしてくれることでしょう。

サポートカラー

グリーン

人に惜しみない愛と優しさを与えるあなたは、マゼンタのイメージ。尽くしすぎは、マゼンタのマイナス面です。与えすぎて大切な人をダメにしないためには、グリーンの力を借りるといいでしょう。平和で穏やかな関係はそのままに、相手との距離やパワーバランスを調整してくれます。

シウマから開運へと導くメッセージ

「愛情を与えすぎるのも、ほどほどに」

Destiny numbers

運命ナンバー

36

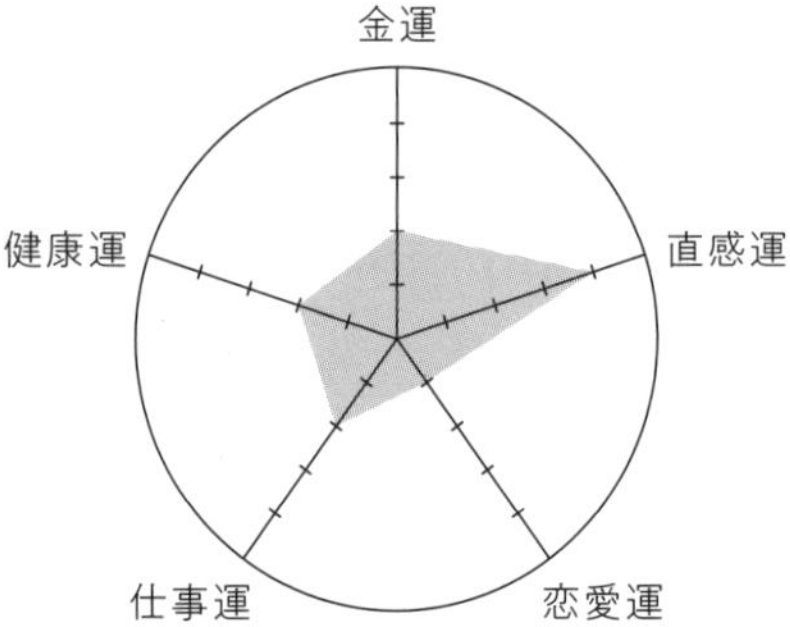

総合運 ★★☆☆☆

エネルギー値

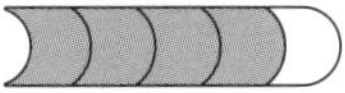

運命ナンバー36を表わすキーワード

親分肌　強引　短気

トラブル　ありがた迷惑

波乱　念の強さ

運命ナンバー**36**が持つ運勢

面倒見はよいが短気。キャパオーバーでトラブル続出！

自分の思い通りに進めたくなる数字。面倒見がよく頼りがいもあるので、皆から慕われるものの、期待通りの感謝を示されないと、「やってあげたのに！」とキレることが……。自分本位な傾向があり、よかれと思ってしたことでも相手の気持ちを考えていない、ただのおせっかい、ありがた迷惑になっていることがしばしば。また短気のせいで、小さなことで癇癪《かんしゃく》を起こし、トラブルになることも。

一方で、強く願ったことを叶える「不思議な力」を持っているのも特徴のひとつ。ただ、残念なことに、その能力をよからぬことに使ってしまいがち。負のエネルギーは必ず自分に返ってくるので、相手のことを思うときはピュアな気持ちを忘れずに。

運命ナンバー36の開運をサポートする数と色

サポートナンバー

23 男性

5 女性

多くの人から慕われる長所を持ちながら、自己中心的な振る舞いで友好関係を台無しにしてしまうあなた。男性は、頭の回転を速め、適切な判断へと導く「23」、女性は思いやりや協調性が育つ「5」の力を借りて、自己改革を。人の話に耳を傾けられる、理想的なリーダーになれるでしょう。

サポートカラー

マゼンタ

よくも悪くも熱くなりやすいあなたの性格は、レッドのイメージ。短気になりがちな面は、レッドのマイナスの部分です。必要なのは、相手の立場でモノを考える余裕や優しさ。取り入れるべきは、人に勇気を与える力や思いやりをくれるマゼンタ。相手に心から喜ばれる手助けができるように。

シウマから開運へと導くメッセージ

「他人の気持ちを考えよう」

37-80の数字のパワー

日本の日常生活では4ケタの数字が多いため、37以降の出番は少なめ。しかし、備えあれば憂いなし。80までの数字が持つパワーも覚えておきましょう。

37 吉数

総合運
★★★☆☆

独立独歩／個性的
クール／孤高

自分は自分という姿勢を貫く数字。変わり者と誤解されがちだが仕事はデキる人。

サポートナンバー
5
サポートカラー
オレンジ

38 吉数

総合運
★★★★★

技芸／創造性
平和主義者

モノを創り出すエネルギーのある数字。こだわりを強く持てば争わずとも頂点に。

サポートナンバー
7
サポートカラー
バイオレット

39 吉数

総合運
★★★★★

勝負強さ／成功
理性的／責任感

ロマンティストでありながら理性的。ここ一番の勝負強さでトップに立つ数字。

サポートナンバー
1
サポートカラー
ゴールド

40

総合運
★★☆☆☆

波乱／器用貧乏
大胆／中途半端

聡明で大胆、決断力も十分。しかしなぜか大成しない数字。周囲との差別化が課題。

サポートナンバー
25
サポートカラー
ブルー

41 吉数

総合運

★★★★★

実力／判断力
柔軟／臨機応変

多少の労を伴うものの、高い能力で夢を実現していく数字。問題解決能力も◎。

サポートナンバー
11

サポートカラー
ターコイズブルー

42

総合運

★★☆☆☆

多芸／好奇心旺盛
淡白／器用貧乏

多芸多才な数字。情熱が続かず、中途半端に終わりがち。目標の絞り込みが肝要。

サポートナンバー
37

サポートカラー
イエロー

43

総合運

★☆☆☆☆

優柔不断／飽き性
短気／散財

強い信念がなく物事が長続きしない数字。貧乏クジを引きがちでお金とも縁遠し。

サポートナンバー
24

サポートカラー
バイオレット

44

総合運

★☆☆☆☆

トラブル／危険
破壊／内向的

常に危険と隣り合わせになる数字。トラブル続出で悩みが多く消極的になりがち。

サポートナンバー
18

サポートカラー
グリーン

45 吉数

総合運

★★★★★

計画性／正直者
平穏／順風満帆

真面目に努力し、物事を計画通りに進めていく数字。日々平穏で人生は順風満帆。

サポートナンバー
17

サポートカラー
ターコイズブルー

46

総合運

★☆☆☆☆

激変／不安定
挫折／波乱

落ち着きがなくなる数字。ゴールの手前で投げ出すなど自業自得の激動の人生に。

サポートナンバー
8

サポートカラー
ブラック

47 吉数

総合運

★★★★★

努力／開花／人望
金運／結婚

友人に恵まれ、信頼を得る数字。努力は必ず結実。くじなどの金運、結婚運も大。

サポートナンバー

31

サポートカラー

オレンジ

48 吉数

総合運

★★★★☆

人徳／参謀／知性
戦略

高い知性で人望を集める数字。目立つことを好まず、頼れる参謀として陰で活躍。

サポートナンバー

21

サポートカラー

ブルー

49

総合運

★★☆☆☆

カン頼み／波乱
見栄っ張り

一時の感情やカンで行動して失敗する数字。見栄っ張りで場当たり的な言動も多々。

サポートナンバー

38

サポートカラー

ホワイト

50

総合運

★★☆☆☆

両極端／波乱
遠慮／苦労

運気に左右されやすい数字。好不調が激しく波乱続き。お人好しで損するタイプ。

サポートナンバー

35

サポートカラー

ラベンダー

51

総合運

★★☆☆☆

早咲き／暗転
甘え下手

成功や活躍が長く続かない数字。周囲に助けを求められず、晩年に苦労しがち。

サポートナンバー

15

サポートカラー

グリーン

52 大吉五数

総合運

★★★★★

先見性／アイデア
華／功利／金運

斬新なアイデアで富を築く数字。チャンスをつかむ力も強く、華のある人生に。

サポートナンバー

29

サポートカラー

マゼンタ

53

総合運

★☆☆☆☆

虚栄心／表裏
場当たり的

メッキがはがれるのを恐れ、心が休まらない数字。虚栄心が引き起こす失敗も多数。

サポートナンバー

11

サポートカラー

パステルオレンジ

54

総合運

★☆☆☆☆

体調不良／孤独
マイナス思考

努力が報われにくい数字。人の裏切りや健康面の問題で失脚、孤独に陥りがち。

サポートナンバー

13

サポートカラー

バイオレット

55

総合運

★★☆☆☆

チャンス／好奇心
自信過剰

人生に3度のチャンスに恵まれる数字。注意散漫な性質ゆえ、好機の見極めが課題。

サポートナンバー

47

サポートカラー

ゴールド、イエロー

56

総合運

★★☆☆☆

消極的／無気力
依存／怠惰

無気力に陥る数字。邪念が入って、高い能力がありながら夢を断念することも。

サポートナンバー

32

サポートカラー

レッド

57 吉数

総合運

★★★☆☆

明朗／忍耐力
家庭運

打たれ強い数字。立ち直りの早さで不可能を可能に。幸せな家庭にも恵まれる。

サポートナンバー

3

サポートカラー

パステルグリーン

58 吉数

総合運

★★★☆☆

独創性／忍耐力
好転／晩年運

七転八起《しちてんはっき》で、転んでもタダでは起きない数字。人間関係に恵まれ晩年ほど幸せに。

サポートナンバー

8

サポートカラー

ターコイズブルー

59

総合運

★★☆☆☆

保守的／潔癖性
無感動／不満

保守的でチャレンジを嫌う数字。無感動な反面、不平不満が多く人生が停滞気味。

サポートナンバー

23

サポートカラー

ブラック

60

総合運

★★☆☆☆

派手／虚栄心
不安定／孤独

生活や精神状態が不安定になる数字。外見は華やかでも、心の貧しさから孤独に。

サポートナンバー

25

サポートカラー

ブラウン

61 吉数

総合運

★★★☆☆

野心家／発展
開拓力／傲慢

高い能力と向上心で富と名声を得る数字。協調性に欠け、人の話を聞かない面も。

サポートナンバー

5

サポートカラー

パステルピンク

62

総合運

★★☆☆☆

八方美人／暴走
中途半端

八方美人な言動で好機を逃す数字。能力以上のことに挑んで迷惑をかけることが。

サポートナンバー

18

サポートカラー

レッド

63 吉数

総合運

★★★★☆

頭脳明晰／芸術
個性／子孫繁栄

聡明さと芸術性を兼ね備え、多方面で個性を発揮する数字。家族への愛が開運の鍵。

サポートナンバー

6

サポートカラー

ゴールド

64

総合運

★☆☆☆☆

災難／波乱／徒労
失脚

物事がゼロになる数字。努力が報われないなど災難続き。揺るがぬ計画性が必要。

サポートナンバー

41

サポートカラー

バイオレット

65 吉数

総合運

★★★★★

安定／順応性
平和／友好関係

やることすべてがスムーズに進む数字。順応性に優れ、幅広い人間関係を築く。

サポートナンバー

21

サポートカラー

ターコイズブルー

66

総合運

★★☆☆☆

ストレス／不安
冒険／体調不良

原因不明の体調不良が多い数字。冒険心を抑えられず無理をして失敗することも。

サポートナンバー

33

サポートカラー

ブルー

67 吉数

総合運

★★★☆☆

ユーモア／親切心
注目／引き立て

人柄のよさで尊敬を集める数字。才能豊かで引き立てにも恵まれ、多方面で活躍。

サポートナンバー

16

サポートカラー

オレンジ

68 吉数

総合運

★★★★☆

論理的／発見
思考力／探究心

論理的な思考に優れた数字。研究すべきテーマをいち早く見出し、成功するタイプ。

サポートナンバー

29

サポートカラー

マゼンタ

69

総合運

★☆☆☆☆

混乱／不遇
気配り／優しさ

温情や気遣いが裏目に出やすい数字。才能が思うように発揮できない憂《う》き目にも。

サポートナンバー

32

サポートカラー

オレンジ

70

総合運

★☆☆☆☆

流転／独占欲
迷走／寂しがり

居場所が定まりにくく、職を転々としやすい数字。独占欲から友人を束縛《そくばく》しがち。

サポートナンバー

7

サポートカラー

ラベンダー

71 吉数

総合運

★★★☆☆

出世／計画性
謙虚／尽力

人徳と努力で出世する数字。皆が嫌がることも率先して引き受け、厚い信頼を獲得。

サポートナンバー

1

サポートカラー

グリーン

72

総合運

★☆☆☆☆

見栄／意地っ張り
金欠／困窮

常にお金の収支に悩まされる数字。弱みを見せられず、高級品を買って困窮しがち。

サポートナンバー

52

サポートカラー

イエロー

73 吉数

総合運

★★★☆☆

理想実現／財
才能／家族

強い念をもって夢を叶える数字。豊かな才能を生かし、富を獲得。家族運も好調。

サポートナンバー

17

サポートカラー

ターコイズブルー

74

総合運

★★☆☆☆

自尊心／短気
迷い／苛立ち

プライドがマイナスに働く数字。自己中心的でキレやすく、物事が停滞気味。

サポートナンバー

18

サポートカラー

マゼンタ

75 吉数

総合運

★★★☆☆

慎重／努力家
堅実／真面目

コツコツと物事を進める数字。地道な努力を重ねることで幸運に。冒険は禁物。

サポートナンバー

35

サポートカラー

パステルグリーン

76

総合運

★☆☆☆☆

軽率／安易
騙されやすい

目先のことに振り回されやすい数字。忠告に耳を貸さず痛い目にあうこと多数。

サポートナンバー

5

サポートカラー

オレンジ

77 吉数

総合運

★★★☆☆

誠実／真面目
引き立て／援助

周囲の引き立てで開運する数字。何事にも真摯《しんし》に取り組む姿勢が最大の長所。

サポートナンバー
16

サポートカラー
ターコイズブルー

78 吉数

総合運

★★★☆☆

反省／気配り
謙虚／家庭運

自分の短所に気づき改心できる数字。気配り上手で人間関係、家族運ともに充実。

サポートナンバー
11

サポートカラー
レッド

79

総合運

★☆☆☆☆

冷淡／クール
依存的／孤独

温かみに欠ける数字。決断力のなさから、都合のいいときだけ人に依存したりも。

サポートナンバー
15

サポートカラー
マゼンタ

80

総合運

★★☆☆☆

消極的／逃避
ストレスフル

ネガティブになりやすい数字。何事も逃げ腰で他力本願。中途半端に終わりそう。

サポートナンバー
13

サポートカラー
バイオレット

Column 3

沖縄における「数」にまつわる風習

「琉球」が「沖縄」と呼ばれることになったのは、明治12年（1879年）のことです。小国ながら中継《なかつぎ》貿易で栄えていた琉球王国ですが、江戸初期には薩摩《さつま》藩《はん》に従属《じゅうぞく》することとなり、後の廃藩置県《はいはんちけん》によって、その名を沖縄県と変えました。

実は、ここにも数字の不思議が隠されています。

字画を見ると、琉球は「24」、沖縄は「27」。無から有を生む24のエネルギーを持っていた琉球は、厳しい自然条件下にありながら、貿易によって約450年もの長きにわたって繁栄してきました。

しかし、27のエネルギーを与えられてからは孤立した土地に……。「琉球」の名づけには深い因縁を感じずにはいられません。

ところで、沖縄には数にまつわる風習が数多く残っています。

例えば、**先祖の供養《くよう》によく出てくるのが「6」**。旧暦の3月吉日に行なわれるシーミー（清明）祭でご先祖様のお墓に供える御重《おじゅう》には、味がついていない6つの食べ物をおさめます。

ヒラウコー（平御香）という黒い板状のお線香には、6本に分かれるような筋が入っていて、祈りの内容によって本数を変えます。自分のことなら3本、家族なら15本、土地のことは24本になるように。

また、年中行事には吉数が重なる日が多く選ばれています。旧暦の3月3日は海に感謝する〝ハマウリ（浜下り）〟の日。同じく5月5日は、空気に感謝するグングヮチグニチ祭……。こうした数の文化が、この「数意学」が生まれる土壌《どじょう》となったのかもしれません。

4章

「手にしたい幸運」を確実に呼び込むために

――あなたはどの運から、つかみに行きますか？

ここでは、数字と開運アイテムを使った、裏技的テクニックをご紹介します。

ポイントは、運気アップを試みる際、その数字の形をイメージしながらその意味をよーく念じること。より数字のパワーを取り入れることができます。

(なお、時間の分数を用いるときは、実際の時刻と時計に誤差がある場合、時計の指している分数を採用します)

対人運

開運キーワード 玄関

玄関の掃除とシューズボックスの整理が運気アップの基本。シンプルを心がけ、物を置きすぎないように。玄関の気を整えたら、開運行動を実践！

人見知りをなくしたい

13/17

初対面でも人見知りすることなく場を楽しめる「13」、どんな状況下でも物怖《ものお》じすることなく自分を出せる「17」を活用。ポイントは社交性を高めるエネルギーを持つ夕日。13分間、または17分間眺めましょう。また、緊張してしまう相手と会う際は、手のひらに「17」と書いて臨むといつもの自分らしさが出ます。

SNSでのトラブルを回避したい

11

ツイッターやインスタグラムなどSNSでのトラブルを回避してくれるのが「11」の数字。この数字は処理能力が高くて、悪いものや嫌なものをうまく流す力が強いのが特徴。ちょっとカチンとくることをされても、受け流すことができます。○時11分にSNSを更新したり、メッセージを送るなどして活用しましょう。

人間関係を円満にしたい

15

どんなキャラクターにも対応できる力を養う「15」が鍵。色とりどりの15本の花を玄関に飾ると、愛され力が高まるなど、対人面に変化が表われるように。自分の庭の花壇《かだん》などに咲いている花を1から15まで数えながら、実際に触れてみるのも効果ありです。

素敵な出会いを増やしたい

31

人と人をつなげる力をくれるのは「31」。見晴らしのいい31階の窓から外を眺める、または空がバッチリ見える屋上で31分間、ときどき深呼吸しながら休憩を取ると◎。余裕がある人は、電車に乗って、今まで降りたことのない31カ所の駅に降車してみるのも。1日で回るのが理想ですが、2日かけてもOKです。

家庭運を強くしたい

18

力強く家族を守る力をくれる「18」のパワーを借りましょう。理想は山に登って、山頂に18分間滞在すること。それが難しい場合は、空気のいい場所で18回深呼吸する、一日分の水を18回に分けて飲む、家族の健康を18分間願うことでも絆《きずな》が深まります。

健康運

開運キーワード　寝室・浴室

基本は寝室＆浴室の掃除と整理整頓。特に寝室はパステルカラーに統一、枕は北か東が◎。これからご紹介する開運行動は、基本を押さえたうえで取り組みましょう。

18

大きな病気を回避したい

大病にかからないタフさを補うには「18」の活用を。新月の日と18日に、半身浴か足浴をしましょう。新陳代謝《しんちんたいしゃ》を高めるほか、下半身に溜まりやすい邪《じゃ》を祓《はら》う効果が。お湯の中には、親指、人差し指、中指の3本指でつまんだ塩、または少量の清酒を入れると、浄化の効果が一層高まります。

体力をつけて丈夫になりたい

8／18

心身ともに健康で、少々の困難に負けない強さをくれる「8」と「18」が鍵。8日と18日にウォーキングで体力づくりをしましょう。パワースポットに出向き、新鮮な空気を吸うのがオススメ。8時間睡眠の日を増やすことも有効です。

いつまでも若さを保ちたい

13／17

気持ちの若さを保つ「13」、美意識を高める「17」を活用します。13日か17日、ドラッグストアでローヤルゼリー、アミノ酸、コラーゲンなど美肌効果のあるサプリを購入して。自宅や会社の東側にあるお店での購入が理想的。

もっと魅力的になりたい

29

性的なエネルギーを高めてくれる数字は「29」。ヘアやネイルサロン、エステなどのボディメンテナンスは、必ず29日に出掛けましょう。内側と外側、両面から人を惹きつける力がチャージされ、魅力がぐっとアップするでしょう。

過敏な体質を改善したい

5

疲れた体をいたわり、バランスをととのえる「5」の力を借りましょう。シルクやオーガニックコットンなど、上質な天然素材のパジャマを5日の日に購入、睡眠の質を高めましょう。パジャマを着ない人はTシャツ類で取り入れてもOK。

金運

開運キーワード

口座に入金

財布のお金はなくなる前提のもの。運気アップの鍵は預金通帳に。求めるエネルギーを持つ数字を印字することが開運の基本です。

仕事でいっぱい稼ぎたい

17|21|31

目標達成を助ける17日、行動力が補われる21日、求心力《きゅうしんりょく》を高める31日のアクションが有効です。これらの日に、３０００円、３万円、30万円……と、３０００円以上の上１ケタに３のつく金額を口座に入金。手持ちのお金を入れるのが理想ですが、口座間の移動でもＯＫ。入れる金額が大きいほど、大きなお金が動きます。

一攫千金を狙いたい

29

大きな金運を確実に捉える力を持つのは「29」。29日の○時29分、預金口座から可能な限りの大金を引き出し、丸一日、財布に温存。翌日、元の口座に戻します。29のエネルギーを受け取って戻すことでお金の器を大きくする効果が。

浪費グセを直し、貯金したい

7｜14｜21｜28

断ち切る力を持つ「7」の倍数にあたる日にお金を動かします。1000円、3000円……1万円、3万円……と上1ケタが奇数の金額を預金口座に入金。手持ちのお金を入れるのがポイントで、金額は大きいほどよく、入金する日数も長いほうが効果大。難しい人は貯金箱に100円を入れるところから始めても。

相続、玉の輿…… "棚ぼた" 運がほしい

24

金運に関するエネルギーが最も強い「24」を活用します。24日に、上1～2ケタが8の倍数である8000円、1万6000円、2万4000円、3万2000円のいずれかを預金口座に入金。無理のない金額を入金して。

一生、お金に困らず暮らしたい

18

やりたいことを成し遂げる生命エネルギーをくれる「18」の力を借りましょう。財布に入っていると安心できる額を残して、それより多いお金は18日に預金口座に入金。そのまましばらく出金を控えると、経済的な波乱のない人生に。

仕事運

開運キーワード　時計・時間

運気アップを望むなら、仕事中は腕時計を。また、家のメインの掛け時計とカレンダーは東側に。時計を進める場合は5分まで。

起業して大成功したい　7 or 33

個性と勇気でその道を切り開くには「7」。孤高のカリスマタイプの数字です。その世界のトップとして後世にまで影響を及ぼす存在を目指すなら「33」。こちらは親しみのあるカリスマタイプです。自分の名刺の枚数が常にその数になるよう名刺入れを管理。使ったらすぐに補充《ほじゅう》しましょう。

出世&ステップアップしたい

3
25

出世には、あふれんばかりの行動力と愛されキャラで勝ちをつかむ「3」。時計を3分早めておくことで活用します。昇進や資格でのステップアップには「25」が有効。試験勉強を25分刻みで取り組むことで、合格力が高まります。

転職して開運したい

3
13
23

新天地でも自分らしさを発揮し、存在感を高めるには、末尾が3の数字が力を発揮。各種番号に取り入れるほか、3日、13日、23日は早起きして朝日を浴びながら3回深呼吸。周囲から頭ひとつ出るパワーが得られます。

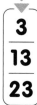

自分の一生の天職を見つけたい

6

隠れた才能を見つけたり、特技に気づいて天職に巡り合うには、自分のルーツからの導きが得られる「6」の力を借りましょう。毎月6日、日常生活での楽しい出来事や将来への前向きな気持ちを書いた〝月報〟をつける習慣を。目には見えない不思議な力が、本当に進むべき方向へと導いてくれるでしょう。

上司など目上の人から引き立てられたい

16

適材適所を心得た上司の目に留まるには「16」の活用を。メールアドレスに盛り込むほか、メールの署名フッターの飾り線に16をデザインするなど、発信するものに多用すると、力のある人に目をかけてもらえる存在に。

恋愛・結婚運

開運キーワード　花

運気アップをもたらすのは「花」。恋愛運なら東南、結婚運なら西側の窓際に飾るのがベスト。1本でも枯れたらすべて捨てて、新しい花に取り替えてください。

出会いに恵まれたい

13

出会いを呼び込むのは男女ともに「13」。この場合、色と方角が重要です。レッド、オレンジ、ピンク、イエローの4色の花を好みのバランスで組み合わせ、13本の花束にして、部屋の東南方向のできれば窓際に飾りましょう。

明るく楽しい恋をしたい

3

本能のおもむくまま恋に飛び込む力をくれる「3」を活用。カサブランカやカトレアなど、大輪で香りの強い花を3本飾るほか、愛の言葉を○時3分に3回送りましょう。直接でもメールでもOK。褒《ほ》め言葉を送るときにも有効です。

とにかく……モテたい！

5 or 13 女性
23 男性

女性の場合は、なりたいタイプ別に使い分けを。笑顔やトークで場の華となるには「13」、気遣いやしとやかさで惹きつけるには「5」。その数の甘い香りがするピンクの花を自室に。男性は引きの強い話術が身につく「23」の活用を。メールの送信時間に使うのも有効です。

運命の相手に出会いたい

16 女性
11 男性

女性は、神仏からのパワーをもらえる「16」を。スイートピーやトルコキキョウなど、風にゆらぐ柔らかな花を16本飾ることで取り入れます。単色でもミックスでもOKですが、優しい色味にまとめることが大切です。男性は、素直で誠実な女性と引き合わせてくれる「11」を。やはり花に活用するのが理想ですが、11日に初めての場所に出掛けることも開運に。

お金持ちと結婚したい！

24
32

強いエネルギーを持つ人との縁を深めるには「24」、または「32」の助けを借りて。高価な花をその本数、自室の西側に飾りましょう。ゴールド系の花瓶なら、なお強力。

つき合っている人と結婚したい

15 相手が男性
18 相手が女性

交際中のパートナーに結婚を意識させるには、相手が男性の場合は、父性本能を刺激する魅力を補う「15」が有効。自分の部屋の西側にピンク系の花を15本飾りましょう。相手が女性の場合は、家族を守る力を与え、自信を持って結婚に臨める「18」が効果的。メールの送信時刻に使うほか、プロポーズやご両親への挨《あい》拶《さつ》を18日に選ぶのも。

幸せな結婚を長続きさせたい

8

バランスを保つ数字「8」が力をくれます。風水では永遠をマンネリと考えるので、関係が固定されないよう、季節の花を選ぶのがポイント。あなたが男性なら、パートナーにお願いして、リビングの西側に8本の花を飾ってもらいましょう。

ストーカーなど、悪縁を断ちたい

7
27

望まない縁を切りたいときは「7」を活用。自分の部屋にオレンジ色のバラを7本飾りましょう。また、ストーカーなど根深い悪縁を断つには「27」を使い、邪を落とす儀式を。トイレやお風呂に入る際は、○時27分に。トイレは水を流すだけでもOK。お風呂では、27分間の半身浴も効果的です。

パートナーと上手に別れたい

6

好ましくない縁をリセットするには、先祖からの〝気づき〟のメッセージが与えられる「6」を使います。真っ白な花6本を自分の部屋に飾ることで、相手の黒い心を知る、他に好きな人が現われるなどの形で、自然と気持ちが離れていき、淀《よど》んだ関係が解消されるでしょう。

Column 4

琉球風水は「変化と行動」の開運術！

もともと琉球（沖縄）の文化は、中国や朝鮮半島と同じように先祖《せんぞ》崇拝《すうはい》（亡くなった先祖を大切にする信仰）の風習が根強いものでした。

そのため、町づくりに応用される地理風水、住まいに応用される風水（陽宅《ようたく》風水）以上に、墓相（お墓の向きや形などで運気を占う）を重要視する陰宅《いんたく》風水が発展してきたのです。

陰宅風水の場合、「こうするとよい」という発想ではなく、「こうしてはいけない」という禁忌《きんき》がベースになります。

一方で、現代においては、衛生面や土地利用などの事情により、タブーを回避するという自己都合を優先させて墓を建てることが難しくなっています。これも時代の変化。陰宅風水をベースとした風水は見直さざるを得ない状況にきているように思います。

しかし、**変化への対応が得意なのが、琉球風水の大きなポイント。**

というのも、そもそも中国の風水はあくまで中国のもの。国の大きさも違えば、気候や風土も異なります。

中国でよいとされていることが、細長い島国の日本に合うとは限りません。その点、琉球風水は、違いに合わせて臨機応変に対応してきたのです。

例えば、中国の風水では北西にトイレはタブーとされますが、冬でも湿気の多い沖縄では、風通しのよい北西がベストポジションだったりします。

世間では、中国の風水をそのまま取り入れた風水術が広く知られている印象ですが、本来、風水はその土地、その土地に合わせて変化してこそ、意味があるのではないでしょうか。

沖縄には**「ドゥフンシー」**という言葉があります。「ドゥ」とは沖縄の方言で個人や自分自身を表わし、「フンシー」は「風水」のこと。つまり「自分自身の風水」という意味です。

この言葉には、「当たり前のことを当たり前のようにやる」「幸せになるかどうかは自分次第」「とにかく動くことが大切」「他の誰でもない、本人にとって居心地のよい空間かどうか」という意味合いがあります。

この「ドゥフンシー」が私の考える数意学のベースとなるところです。

思うだけ、願うだけでなく、自分自身で行動に結びつけることが開運の鍵。基本のルールはあるけれど、それに縛られず、時代に合ったスタイルに変えて動いていく——これが琉球風水なのです。

おわりに

「変わりたい！」と動いたときから、あなたの運命も変わります

最後まで読んでいただき、ありがとうございました。

数字の持つ意味や、身の回りの数字から受ける影響について、理解していただけましたでしょうか？

「数意学」は、〝今、起こっていること〟に焦点を当てて、これからを見ていきます。現実を踏まえて、数字がもたらす影響を細かに分析し、よりよくなるために、日常使いの番号を変えたり、選んだりという手法をとっていきます。

基本的には、数字を変えるだけでＯＫ！　「なぜ？」は考えたところでしょう

がない、というのが実のところ、私の本音です（笑）。

実際に、私は何か問題にぶつかったとき、理由や原因を考えるよりも、先に行動してしまうタイプ。それくらい、**焦点を当てているのは「現実」と「行動」**なのです。

なぜなら、生まれた日などの「変えられない数字」から明らかにされる過去や、予言めいた運命にとらわれてしまうのはもったいないですし、そもそも世の中は「理由はわからないけど、そのようにできている」ことばかりだと思っているから。

この本を手に取った人が、ひとりでも多く、数字のパワーを知って、開運のために行動を起こしてもらえたら、とてもうれしいです。

シウマ

本書は、マガジンハウスより刊行された『数字の開運力』を、文庫収録にあたり加筆・改筆・再編集のうえ、改題したものです。

数字《すうじ》のパワーで

「いいこと」がたくさん起《お》こる!

著者　シウマ

発行者　押鐘太陽

発行所　株式会社三笠書房

〒102-0072 東京都千代田区飯田橋3-3-1

電話　03-5226-5734(営業部)　03-5226-5731(編集部)

https://www.mikasashobo.co.jp

印刷　誠宏印刷

製本　ナショナル製本

©Shiuma, Printed in Japan ISBN978-4-8379-3020-4 C0130